ISABEL FREITAG

MODERNE FÜHRUNG BRAUCHT (FREI)**RAUM**

Wie Führungskräfte zwischen Krisen, dezentraler Führung und den Gesetzen der modernen Arbeitswelt erfolgreich handeln können

Die Inhalte in diesem Buch wurden sorgfältig und besten Gewissens recherchiert und zusammengetragen. Sie spiegeln die persönliche Meinung und Erfahrung der Autorin wider. Die Autorin übernimmt daher keine juristische Verantwortung oder Haftung für Schäden, die durch eventuelle Fehler oder nicht kompatible Lebensumstände entstehen.

Aus Gründen der Lesbarkeit wurde im Text teilweise die männliche Form gewählt, nichtsdestoweniger beziehen sich die Angaben auf Angehörige beider Geschlechter.

Sollte diese Publikation Links auf Webseiten Dritter enthalten, so übernehmen wir für deren Inhalte keine Haftung, da wir nur auf deren Stand zum Zeitpunkt der Erstveröffentlichung verweisen.

1. Auflage Februar 2021

vertreten durch: Jasmin Raif
Mörfelder Landstraße 100a, Frankfurt a.M.
Titelgestaltung und Illustrationen: Jasmin Raif, unter Verwendung folgender Fotos: ©iStockphoto.com/artishokcs
Verantwortlich für den Druck: Amazon Distribution GmbH, Leipzig

ISBN: 979-8-7055-1977-4

Dieses Buch ist auch als E-Book & Hardcover erhältlich.

Für Tom,
der mich ein Stück meines Weges begleitete.
Danke.

INHALT

VORWORT 9
Führung im Wandel 9
Führungskräfte sehen den Wald vor lauter Bäumen nicht 11
Ein „Ja" zu Leadership 14

1 KONSEQUENZ ALS BASIS 16
Konsequenz bedeutet Gleichberechtigung 20
„Auf Sie ist ja wirklich Verlass!" 22
Konsequenz bedeutet Fokus 23
Verlässlichkeit als Schlüssel 26

2 DER WEG DER VERANTWORTUNG 30
Der Verantwortung ins Auge sehen 32
Die drei Teile der Verantwortung 34
Verantwortung delegieren 38
Handeln ist gut, Vertrauen ist besser 39

3 DER TRANSPARENZ-IRRTUM 42
Emotionen sind erlaubt 44
Transparenz entspannt 46
Young Professionals setzen auf Transparenz 48
Das „Paradoxon der Transparenz" 50

4 FREIHEIT DURCH GRENZEN 56
Rollenverteilung nach Stärkenprofilen 59
Wer schreibt, der bleibt 61
Ein Leader kennt nicht nur das Ziel, sondern auch den Weg dorthin 62
Ziele richtig setzen 65
Ihre Rolle in der Zielerreichung 66

5 DAS GEHEIMNIS DER KOOPERATION 71
Der kooperative Führungsstil 74
Die Macht des Wir-Gefühls 76
Der Blick über den Team-Tellerrand 78
Vorbild Wolf 73
Chef oder Leader? 81

6 DELEGATION ALS ENERGIEQUELLE 85
Zwischen Ängsten und Entlastung 88
Mitarbeiter auf der Überholspur 90
Delegation erfordert Struktur 92
Jeder hat sein eigenes Tempo 95

7 VON EMPATHIE UND AUTHENTIZITÄT 101
Empathie als Schlüssel 104
Emotionale Intelligenz nutzen 106
Authentizität leben 109

8 DIE MOTIVATIONS-FRAGE 113
Monetäre Anreize verlieren 115
Hygienefaktoren und Arbeitsbedingungen 118
Intrinsische Motivation als Optimum 119
Die Generation Y auf der Suche nach dem großen Sinn 121

9 DAS GEBOT DER WERTSCHÄTZUNG 126
An erster Stelle steht die Selbstreflexion 129
Anerkennung im Team 131
Pflicht und Kür 134
Wertschätzung durch Empathie 136

10 DER FEEDBACK-KREISLAUF 140
Das klassische Feedback-Gespräch 143
Wahrnehmung, Wirkung und Wunsch 145
Das 360°-Feedback 147
Der (digitale) Feedbackbogen 148
Von Konflikten und Brückenbauern 149

SCHLUSS 155
Von der Theorie in die Praxis 155

VORWORT

FÜHRUNG IM WANDEL

Jahrelang ist alles gut gegangen. Die Rollen und Aufgaben von Führungskräften waren klar definiert. Wer Führungskraft war, war Chef. Chefs trafen Entscheidungen, delegierten von oben und führten mit starkem Willen. Doch mit der gesamten Welt befindet sich auch das Denken der Mitarbeiter im Wandel. Der Ruf nach visionären Leadern wird lauter. Der Wunsch nach flexiblem Arbeiten wird immer größer. In Krisenzeiten sind Führungskräfte zusätzlich enorm gefordert, intelligente Lösungen zu präsentieren.

Die Generation Y, also die zwischen 1981 und 1994 Geborenen, aber auch die in den Arbeitsmarkt nachrückende Generation Z, die zwischen 1995 und 2010 Geborenen, hinterfragen stärker als jede andere Generation vor ihnen den Sinn ihrer Arbeit, feste Arbeitszeiten und -orte. Damit rückt das Thema dezentrales Arbeiten und somit dezentrale Führung immer mehr in den Vordergrund. Sie als Führungskraft stehen unter dem Druck, JA zu neuen Wegen zu sagen.
Haben Sie sich vielleicht auch schon eine der beiden Fragen gestellt:

„Wie führt man aus der Distanz eine Generation von Arbeitnehmern, die alte Führungsmethoden auf den Prüfstand stellt?"

„Wie wollen verschiedene Altersgruppen eigentlich geführt werden und wie schaffen Sie es, ein sich gegenseitig befruchtendes Team zu bilden?"

Die „Jungen Wilden" im Homeoffice, die „ältere Generation" in klassischer Nine-to-Five-Marnier im Büro. Führungskräfte stehen vor einem gewaltigen Spagat. Der Fachkräftemangel befeuert das Problem zusätzlich. Woher gute Teammitglieder nehmen, die mit Feuer und Flamme dabei sind und dem Unternehmen gegenüber Loyalität zeigen? Ist das in der heutigen Zeit überhaupt noch möglich, in der Loyalität keine Selbstverständlichkeit mehr ist?

Meiner Meinung nach ist es (fast) gleichgültig, welche Produkte oder Dienstleistungen Ihr Unternehmen anbietet. Arbeitnehmer gehen gerne zur Arbeit und lieben oder verachten ihren Job hauptsächlich aufgrund des Verhaltens ihrer Führungskraft und des daraus resultierenden Arbeitsklimas. Sie legen Wert darauf, als Individuen gesehen und gehört zu werden. Sie wollen eigenständig handeln, Freiräume füllen, mitentscheiden (und damit meine ich nicht die großen Konzern-Entscheidungen. Mitbestimmung kann im Kleinen beginnen, z.B. bei der Einrichtung des Pausenraums oder der Organisation der Weihnachtsfeier). Oft kommen Mitarbeiter sogar auf bessere Ideen, weil sie einfach mehr in die Herausforderungen des Alltags involviert sind.

FÜHRUNGSKRÄFTE SEHEN DEN WALD VOR LAUTER BÄUMEN NICHT

Das folgende Beispiel zeigt auf charmante Art und Weise, dass wir die offensichtliche Lösung für ein Problem manchmal nicht sehen können, wenn ein anderer uns nicht die Augen öffnet. Eine kleine Anekdote zu Beginn ...

Eine Zahnpasta-Fabrik hatte ein großes Problem. Die Maschinen, die bis ins kleinste Detail automatisiert und abgestimmt waren, packten manchmal keine Zahnpasta-Tuben in die Verpackungen, sodass einige Verpackungen leer in die Supermarkt- und Drogerieregale wanderten. Kunden, die aus Versehen die leeren Verpackungen für teures Geld kauften, waren natürlich außer sich und es hagelte Beschwerden und Reklamationen in der Zahnpasta-Fabrik. Keine Frage – eine Lösung musste schnellstmöglich her.

Der Chef, dem das Problem natürlich bekannt war, versuchte nun auf eigene Faust eine Lösung zu finden und begann extern nach Spezialisten in der Maschinen-Aufrüstung zu suchen. Nur die besten Experten sollten mit dem Problem betraut werden, das den Chef doch monatlich so viel Geld und Nerven kostete.

Nach einigen Wochen Entwicklungs- und Recherchezeit, berichtete der extern angeheuerte Spezialist, dass die Installation eines Lasers die Lösung für das Problem darstellte. Gesagt, getan: Der Chef ließ für 500.000$ einen Laser installieren, der die leeren Zahnpasta-Verpackungen erkennen und anschließend das Band anhalten sollte. Daraufhin würde ein Alarm im Produktionsbüro ertönen und ein Mitarbeiter könnte die leere Verpackung vom Band entfernen. Danach müsste das Band wieder manuell in Gang gesetzt werden. Rundum eine gute Lösung, befand der Chef.

Und tatsächlich: Die Beschwerde- und Reklamationszahlen fielen, die Kundenzufriedenheit stieg und der Chef war zufrieden mit seiner Investition. Er lehnte sich in seinem Sessel zurück, bis ihm eine Zahl im Monatsbericht auffiel. Die Zahl der zu leichten Verpackungen auf dem Band, die entfernt werden mussten, lag bei Null. Auch die manuellen Starts des Fließbands gingen gegen Null. Wie konnte das sein, wenn doch keine leeren Verpackungen mehr die Fabrik verließen?

Der Chef wollte sich ein eigenes Bild der Produktion machen und fuhr in seine Fabrik. Wie konnte das Problem behoben sein, aber der Laser keine einzige leere Verpackung gescannt haben? Als der Chef am Fließband stand, traute er seinen Augen nicht. Unzählige leere Verpackungen lagen auf dem Boden – vor dem Laser. Neben dem Fließstand stand ein einfacher Zimmer-Ventilator und blies die leeren Verpackungen einfach vom Band.

Sein Mitarbeiter Bill hatte den Ventilator gekauft und aufgestellt, weil ihm das ständige Piepsen des Lasers und das manuelle Anschalten des Fließbandes auf die Nerven ging.

Ohne es zu wissen, fand er damit eine 15$-Lösung für ein 500.000$-Problem.

EIN „JA" ZU LEADERSHIP

Es ist an der Zeit, dass Führungskräfte Mitarbeiter nicht mehr nur als Arbeitskräfte sehen. Ihre Mitarbeiter sind Menschen – mit Gefühlen, Bedürfnissen und einem Privatleben. Ein Chef sieht darin eine Gefahr. Ein Leader sieht darin seine große Chance. Schaffen Sie Freiräume für Ihre Mitarbeiter – geben Sie ihnen Luft zum Atmen.

Die moderne Arbeitswelt befindet sich im Wandel. Auch Sie sollten umdenken. Denken Sie bereits wie ein Leader? Oder sind Sie hier und da noch Chef? Leader zu sein, bedeutet vorzuleben, selbstbewusst voranzugehen und auf sein Team zu vertrauen. Es bedeutet JA zu neuen Wegen zu sagen. Neu entstehende Räume zu nutzen, statt Türen zu schließen.

Dieses Buch kann Ihnen die Augen öffnen, Sie dazu ermutigen, Ihre bisherigen Verhaltensweisen einmal auf den Prüfstand zu stellen. Indem Sie sich nur zehn Fragen innerlich stellen und beantworten, können Sie neue Perspektiven entdecken, Antworten auf Fragen zu einem modernen Führungsansatz finden und damit gelassender durch Ihren Berufsalltag gehen. Dabei spielt es keine Rolle, ob Sie Führungsnachwuchs oder ein alter Hase im Geschäft sind. Die Fragen, die Sie sich stellen müssen, sind die selben.

Wer moderne Arbeitskultur leben und prägen möchte, kommt nicht an den Themen Konsequenz, Verantwortung und Transparenz vorbei. Auch wenn Sie diese Basics bereits kennen, startet das Buch mit diesen Themen, um eine soldide Basis für die weiterführenden Fragen zu schaffen. Lesen Sie die Kapitel deshalb trotzdem aufmerksam. Wie Steve Jobs bereits festgestellt hat, „... kann man die Punkte nicht verbinden, wenn man sie vor sich hat. Die Verbindung ergibt sich erst im Nachhinein. ...”

Wenn Sie irgendwann die zehn Kapitel-Eingangsfragen in diesem Buch mit JA beantworten können, sind Sie auf einem exzellenten Weg, modernes Leadership zu leben. Geben Sie sich Zeit. Wichtig ist nur, dass Sie ins Handeln kommen.

Sie können das. Manchmal braucht man nur wie in unserem kleinen Beispiel jemanden, der einem die Augen öffnet. Machen Sie die Augen jetzt auf. Lesen Sie die folgenden Seiten aufmerksam.

So entsteht (Frei)Raum für neue Gedanken.

1

KONSEQUENZ ALS BASIS

„Das Geheimnis des außerordentlichen Menschen ist in den meisten Fällen nichts als Konsequenz."

– Buddha

FRAGE 1:

„Geben Sie Konsequenz genügend Raum und nehmen Sie sie ernst?"

Kaum ein anderer Lebensbereich hat in letzter Zeit so viele Erwartungen geschürt wie der Führungsbereich. Führungskräfte sollen im besten Fall modern denken, digital denken und echte Entrepreneurs mit Persönlichkeit sein, denen man gerne folgt. Der Druck auf Führungskräfte wächst. Wo entstehen dadurch Probleme und was sind die Merkmale einer anerkannten und erfolgreichen Führungskraft?

Besonders in Krisenzeiten beobachtet man inkonsequentes Verhalten bei Führungskräften. Zeitliche Versprechen werden nicht eingehalten, die vereinbarte Meetingkultur wird über den Haufen geworfen. Die Liste mit Beispielen ist lang. Woran liegt das? Oftmals sind die Personalkapazitäten so eng, dass Führungskräfte froh sind, wenn sie überhaupt ihr Arbeitspensum bewältigen können. Nichtsdestotrotz ist Inkonsequenz der schlimmste Feind des Vertrauens eines Mitarbeiters. Vielleicht denken Sie auch hin und wieder: „Das kann bis morgen warten" oder die operativen Aufgaben des Tagesgeschäfts fressen förmlich Ihre Arbeitszeit auf, sodass Führung und Ihre eigentlichen Management-Tätigkeiten zu kurz kommen. Bei allem Druck und aller Hektik sollten Sie sich dennoch einmal fragen: Handele ich konsequent?

Konsequenz im Sinne von verlässlichem und für Ihre Mitarbeiter kalkulierbarem Verhalten kann viele Gesichter haben. Sie ist Zeichen von Verbindlichkeit, Entschlossenheit und Berechenbarkeit. Dies sind alles wichtige Eigenschaften, die Ihren Mitarbeitern helfen, Sie als Führungsperson zu akzeptieren und sich unter Ihrer Führung wohlzufühlen. Nicht immer muss Konsequenz bedeuten, nein zu sagen. Konsequenz bedeutet eine klare Kommunikation und eine klare Richtlinie zu haben.

Konsequenz bedeutet für Sie als Führungskraft aber auch, Fehler zuzugeben und Ihr eigenes Handeln konsequent zu hinterfragen. Sie sind das Vorbild für Ihre Mitarbeiter und nur das, was Sie vorleben, kann von Ihren Mitarbeitern ernst genommen werden und Sie als Führungspersönlichkeit glaubwürdig erscheinen lassen.

Das Wort Konsequenz kommt ursprünglich aus dem Lateinischen. Es leitet sich von dem Wort „consequentia” ab und bedeutet „Folgen” bzw. „mit Folge”.

Betrachtet man die Wortherkunft näher, erschließt sich also, dass es einzig und allein darum geht, eine Folgerichtigkeit des eigenen Handelns durchzuführen. Nur wer konsequent in der Umsetzung ist, wird auch beim nächsten Mal ernst genommen.

Konsequent zu sein, bedeutet nachzuhalten, dranzubleiben und sich an vereinbarte Ziele und Maßnahmen zu halten. Ihr Team merkt sicherlich sofort, ob Sie sich selbst auch an die gesetzten Ziele und Grenzen halten. Sie stehen unter Beobachtung, denn auch Ihr Mitarbeiter hat das Recht, Konsequenz von Ihnen als Führungskraft einzufordern. Sehen Sie Konsequenz als etwas Positives. Als eine Eigenschaft, die Ihren Mitarbeitern Orientierung gibt und Ihnen als Führungskraft die Möglichkeit, Ihre Mitarbeiter bei Bedarf in die Pflicht zu nehmen.

KONSEQUENZ BEDEUTET GLEICHBERECHTIGUNG

Nur wer klare Regeln aufstellt, kann verlangen, dass sich die Mitarbeiter daran halten. Weniger ist dabei mehr. Stellen Sie nicht zu viele Regeln auf. Stellen Sie lieber sicher, dass Sie sich auch an alle Regeln halten können. Machen Sie außerdem Schluss mit Ausnahmen von der Regel. Zu manchen Mitarbeitern haben Sie vielleicht ein besseres Verhältnis als zu anderen. Das ist nur menschlich. Ziehen Sie konsequente Handlungen dennoch einheitlich durch und bevorzugen Sie keinen Ihrer Mitarbeiter.

Auch der verkaufsstarke Sales Mitarbeiter, der Ihnen letzten Monat so gute Zahlen beschert hat, sollte die Konsequenz, für z.B. eine Verspätung beim Meeting, tragen müssen. Dabei ist es egal, ob es sich um ein persönliches Treffen, ein Gruppenmeeting oder einen Videocall im Homeoffice handelt. Gerade bei Skype-, Teams- oder Zoom-Meetings ist man eher dazu verleitet, etwas später in den Call zu kommen.

Die Konsequenz muss nicht immer eine harte Strafe sein. Konsequenz kann auch mit Humor umgesetzt werden und dadurch für das ganze Team eine Bereicherung sein. Der zu spät gekommene Mitarbeiter könnte beispielsweise 1 € in die Feierabendbier-Kasse zahlen. Dieser Betrag wird ihm einmalig nicht wehtun. Dennoch wird er vermutlich sein Zuspätkommen in Erinnerung behalten und das nächste Mal vielleicht zweimal auf die Uhr schauen.

Mit solch soften Konsequenzen können Sie dem harten Durchgreifen entgegensteuern. Sie möchten nicht autoritär sein, sondern authentisch und menschlich. Das ist ein gewaltiger Unterschied. Wenn Sie bereits bei Kleinigkeiten wie z. B. dem Zuspätkommen oder den ausschweifenden Kaffeepausen vorbeugen und sofort konsequent das Fehlverhalten Ihrer Mitarbeiter ansprechen, kommen sie gar nicht erst in den Zugzwang, autoritär zu werden. Sie vermeiden dadurch, dass Ihre Mitarbeiter Konsequenz als etwas Negatives erleben. Reagieren Sie immer sofort und bestimmt, aber freundlich und empathisch.

Sollte sich einer Ihrer Mitarbeiter einen größeren Fehltritt leisten, wäre es nicht ratsam bis zum nächsten offiziellen Gespräch mit der Konsequenz zu warten. Agieren Sie frühzeitig, dennoch überlegt und zeigen Sie sich als Führungskraft immer präsent. Organisieren Sie bei Gesprächsbedarf einen Termin unter vier Augen und sprechen Sie mit dem betroffenen Mitarbeiter, wie es zu seinem Fehlverhalten kommen konnte. Fordern Sie Ihre Mitarbeiter gleichzeitig dazu auf, aktiv Lösungen zu präsentieren. Das müssen nicht immer Endergebnisse sein. Fordern Sie beispielsweise Zwischenberichte an und vereinbaren Sie mit Ihren Mitarbeitern Teilziele, um kleine Erfolge einzustellen. Sie agieren als Coach. Außerdem gewinnen Sie dadurch das nötige Vertrauen Ihrer Mitarbeiter und stehen als Ansprechpartner immer zur Verfügung.

„AUF SIE IST JA WIRKLICH VERLASS!"

Auch Verlässlichkeit gehört zur Konsequenz als Führungskraft. Wenn Sie ein Meeting ansetzen, sollten Sie pünktlich daran teilnehmen. Vielleicht fragen Sie sich, warum das überhaupt erwähnenswert ist. Ist das nicht selbstverständlich? Im stressigen Büroalltag kann immer mal etwas dazwischen kommen. Sorgen Sie dafür, dass Sie nichtsdestotrotz pünktlich im Meetingraum sitzen und falls das nicht möglich sein sollte, klären Sie mindestens einen der Teammitglieder auf, dass Sie nicht teilnehmen können oder später kommen. Stillschweigend darüber hinwegzusehen und nicht zu erscheinen, wäre mit Sicherheit die schlechteste Lösung, die Sie als Führungskraft präsentieren können. Denken Sie daran: Sie agieren als Vorbild. Ihre Umsetzung von Konsequenz wird in die Mitarbeiterreihen getragen. Ihre Mitarbeiter tun nicht das, was Sie ihnen sagen, sondern das, was Sie selbst tun.

Klare Kommunikation ist sicherlich einer der Schlüssel zu konsequenter Führung. Treffen Sie klare Aussagen, seien Sie beherzt in dem, was Sie sagen und bitte eiern Sie nicht herum. Sie möchten authentisch rüberkommen und sollten selbstbewusste und deutliche Aussagen treffen. Wenn Sie aus Überzeugung handeln und sich klar positionieren, wird es dem einzelnen Mitarbeiter leichter fallen, Sie als Führungskraft einzuschätzen, einzuordnen und sich auf seine Aufgaben zu konzentrieren. Denn wenn Ihre Mitarbeiter damit beschäftigt sind, sich zu fragen, warum Sie als Chef nicht konsequent handeln, nicht authentisch wirken oder keine klaren Aussagen machen, wird in jedem Fall die Qualität der Arbeitsergebnisse darunter leiden. Soft Skills und Unternehmenserfolg hängen somit immer zusammen.

KONSEQUENZ BEDEUTET FOKUS

Haben Sie schon einmal darüber nachgedacht, wie genau Konsequenz und Zielerreichung zusammenhängen? Konsequenz ist im Prinzip nichts anderes als ein Fokus. Und der Fokus dient der Zielerreichung. Vielleicht haben sie letztes Jahr nicht ganz die Umsatzziele erreicht, die Sie sich und Ihren Mitarbeitern gesetzt haben. Sie und Ihre Führungs-Kollegen haben die Zielvorgaben knapp verfehlt. Welche Frage sollte man sich nun stellen? Erstens: Wie konsequent wurden die Aufgaben nachverfolgt? Und zweitens: Welche Konsequenzen gab es für die Mitarbeiter, wenn die Ziele nicht erreicht wurden? In den meisten Unternehmen besteht das Problem, dass Führungskräfte nicht konsequent nachhalten, wenn Ziele nicht erreicht werden.

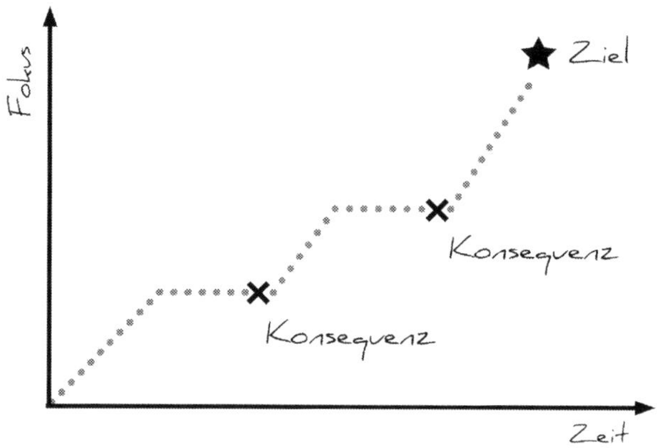

ABB. 1 Wirkungsprinzip konsequenter Handlungen mit Fokus auf ein Ziel

Selbstverständlich müssen die Ziele realistisch und machbar erscheinen. Denn wenn das gesteckte Ziel für Ihren Mitarbeiter nicht erreichbar scheint, wird er es nicht konsequent verfolgen können, weil er der Annahme ist, dass jede Mühe sinnlos wäre. Ziele können nur dann konsequent von Ihren Mitarbeitern verfolgt werden, wenn Sie ein Ziel realistisch vor Augen haben, es klar formuliert ist und Sie als Führungskraft konsequent nachhaken und Zwischenergebnisse definieren. Konsequent zu führen, heißt in diesem Fall auch, die richtigen Ziele zu erkennen und zu setzen. Üben Sie sich im Performance Leadership.

Teilweise wird Konsequenz leider negativ gesehen: „Das wird Konsequenzen haben", hat schon der ein oder andere gedroht. Im privaten Bereich sehen viele Menschen die schlimmen Konsequenzen, wenn sie XY nicht erreichen oder nicht tun. Welche Konsequenz hat es, wenn wir bei der Ratenzahlung in Verzug geraten? Wir erhalten eine Mahnung. Wir verbinden mit der Konsequenz einen negativen Eingriff in unser Tun. Versuchen Sie als Führungskraft Konsequenz als etwas Positives zu sehen. Sehen Sie Konsequenz als Treiber für Erfolge, als Motivator für schlechte Zeiten, manchmal als humorvollen Begleiter und als Mittel der Authentizität.

Die beste Nachricht zum Schluss: Wenn Sie und Ihr Team konsequent handeln und auf Ihre Ziele hinarbeiten, sind insgesamt alle Beteiligten motivierter, engagierter und inspirierter bei der Arbeit. Konsequentes Verhalten ist keine Bestrafung. Konsequentes Verhalten ist ein Zeichen einer klaren Führungslinie.

VERLÄSSLICHKEIT ALS SCHLÜSSEL

Wie vertrauenswürdig sind Sie als Führungskraft? Vertrauen und Kompetenz hängen sehr eng miteinander zusammen. Ein guter Führungsstil funktioniert nur mit einer gewissen Portion Vertrauen und Vertrauen muss man sich bekanntlich verdienen. Wem vertraut ein Mitarbeiter? Wem vertrauen Sie?

Wir vertrauen Menschen, die das, was sie sagen, auch tun. Das fängt schon bei den kleinen Dingen an. Wenn Sie beispielsweise einem Mitarbeiter versprechen, dass Sie ihm am heutigen Tag noch Rückmeldung zu seiner Frage geben, sollten Sie das auch am heutigen Tage tun. Versprochen ist versprochen. Das gilt im Privaten wie auch im Beruflichen. Ihr Mitarbeiter sollte nicht bis morgen auf Ihre Antwort warten müssen.

Manchmal kommt im Alltagsgeschäft doch noch eine andere dringliche Sache dazwischen und Sie können die Zusage an die Mitarbeiter nicht einhalten. Beim nächsten Aufeinandertreffen ist es ratsam, aktiv anzusprechen, dass es Ihnen bewusst ist, dass Sie der Zusage an den Mitarbeiter nicht nachgekommen sind. Eine Entschuldigung oder Begründung ist hier nicht einmal zwingend notwendig. Viel wichtiger ist es, dem Mitarbeiter Wertschätzung entgegen zu bringen und zu zeigen, dass Sie Ihrer Zusage gerne nachgekommen wären.

Ihre Mitarbeiter werden verstehen, dass Sie als Führungskraft auch andere, vielleicht wichtigere Dinge, zu tun haben. Sprechen Sie Ihren Mitarbeiter aber nicht darauf an, wird er dies sicher beim ersten Mal verzeihen. Ab dem zweiten oder dritten Mal wird er Ihren Zusagen aber wahrscheinlich keinen Glauben mehr schenken. Dem können Sie sehr leicht zuvorkommen.

Ein Versprechen einzuhalten, bedeutet auch, glaubwürdig zu sein und eine klare Position zu beziehen. Es kann sehr lange dauern, Vertrauen aufzubauen und es braucht manchmal nur eine falsche Handlung, um das gesamte Vertrauen zu erschüttern. Besonders in Krisenzeiten zahlt sich das aufgebaute Vertrauen mehr denn je aus.

Trauen sie sich vor allen Dingen, verbindliche Aussagen zu treffen. Diese müssen Sie natürlich dann auch halten und bestätigen. Das mag nicht immer leicht sein, ist aber mit Sicherheit das, was Ihre Mitarbeiter von Ihnen als Führungskraft erwarten. Verbindlichkeit, Verlässlichkeit und Konsequenz: diese drei Eigenschaften beginnen mit Ihrer Kommunikation und enden in Ihren Taten.

Wie verlässlich sind Sie?

DIE KERNAUSSAGEN

1. **Seien Sie auch in den kleinen Dingen konsequent.** Wenn Spielregeln verletzt werden, sollten Sie Konsequenzen immer und einheitlich durchsetzen.

2. **Haken Sie nach.** Lassen Sie sich Zwischenergebnisse liefern und ziehen Sie Konsequenzen, wenn Ziele nicht erreicht werden.

3. **Stellen Sie klare Regeln auf.** Achten Sie dabei darauf, dass die Regeln auch einhaltbar sind.

4. **Seien Sie verlässlich.** Halten Sie Ihre Versprechen und leben Sie konsequentes Verhalten vor.

5. **Kommunizieren Sie klar und treffen Sie verbindliche Aussagen.** Überlegen Sie sich VORHER, welche Versprechen Sie halten können.

PRAXIS

Führen Sie in Ihrer Abteilung eine Konsequenz für das Zuspätkommen ein. Werden Sie dabei kreativ und verbinden Sie die Konsequenz für den Einen mit etwas Positivem für das gesamte Team.

2

DER WEG DER VERANTWORTUNG

„Wir sind nicht nur verantwortlich für das, was wir tun, sondern auch für das, was wir nicht tun."

– Molière

FRAGE 2:

„Stellen Sie sich Ihrer Verantwortung in jeder Hinsicht?"

Führung wird häufig mit „Führungsverantwortung" gleichgesetzt. Was bedeutet Verantwortung aber konkret? Eine große Herausforderung liegt in der konkreten Aufteilen der einzelnen Verantwortungsbereiche. Dabei gehört Verantwortungskompetenz doch zu den zentralen Bestandteilen einer guten Führung.

Sind Sie bereits seit längerem Führungskraft und haben sich zu Beginn ihrer Tätigkeit die Frage gestellt, ob Sie bereit sind, eine solche Verantwortung zu tragen oder sind Sie vielleicht einfach ins kalte Wasser gesprungen und haben die Learning-by-Doing-Methode vorgezogen? Der Aufstieg in eine Führungsposition klingt natürlich zuallererst verlockend: ein höheres Gehalt, das Ansehen im Unternehmen, vielleicht sogar ein Dienstwagen und viele weitere Vorteile gehen mit dem Dasein einer Führungskraft einher. Die Frage nach Verantwortung wird gerne erst einmal ausgeblendet. Dabei kann Verantwortung bedeuten, in gewissen Bereichen selbst operativ zu handeln oder je nach Unternehmensgröße auch selbst „nur" zu managen und Verantwortung Schritt für Schritt zu übertragen.

DER VERANTWORTUNG INS AUGE SEHEN

Der meist unterschätzte Bereich in der Führung ist allerdings die Übernahme von Verantwortung. Denn wer Verantwortung übernimmt, trägt auch die Konsequenzen für Fehlentscheidungen, Zielverfehlungen und das Überbringen von schlechten Nachrichten, wie beispielsweise die Kündigung eines Mitarbeiters. So gibt es Führungskräfte, die bei „gutem Wetter" bestens performen und für ihr Team da sind. Doch kaum stehen die ersten schwarzen Wolken am Horizont, verschwinden sie in der Versenkung und lassen die schlechten Nachrichten von Personalern überbringen, schieben die Verantwortung für nicht erreichte Ziele auf äußere Umstände und ziehen den Kopf ein. Eine gute Führungskraft übernimmt auch in Krisenzeiten Verantwortung.

Wie gehen Sie mit kleineren und größeren Krisen um?

Nicht immer vorbildlich in Sachen Verantwortung zu agieren, ist absolut menschlich. Sie können sich selbst helfen, indem Sie sich immer wieder im Führungsalltag folgende Fragen stellen:

- Wie fühle ich mich, wenn ich Verantwortung übernehme?
- Wie erlebe ich Tage, an denen ich in die Verantwortung genommen werde?
- Gibt es Situationen, in denen ich zögerlich gehandelt habe?
- Habe ich meine Verantwortungsbereiche eingehalten oder habe ich Grenzen überschritten?
- An wen kann ich mich wenden, wenn dies der Fall ist, um die Verantwortung weiter zu delegieren?

DIE DREI TEILE DER VERANTWORTUNG

Es ist kein leichter Weg, den jeder, der sich für den Führungsweg entscheidet, gehen muss und doch ist Verantwortung dabei eine so wichtige Kernkompetenz, dass Sie sie nicht unterschätzen sollten. Verantwortung stellt sich komplexer dar, als Sie vielleicht bisher dachten.

1. Verantwortung gegenüber Ihrem Unternehmen
2. Verantwortung gegenüber Ihnen selbst
3. Verantwortung gegenüber Ihren Mitarbeitern

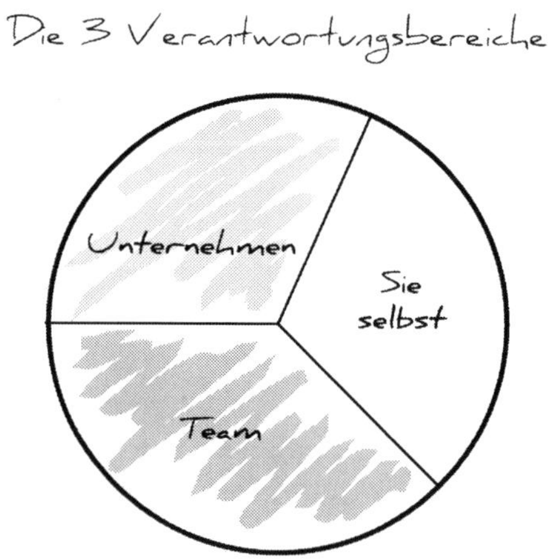

ABB. 2 Verantwortung zu übernehmen, bedeutet auch, Verantwortung abzugeben.

1. Wie übernehmen Sie Verantwortung gegenüber Ihrem Unternehmen?

Beleuchten wir den ersten Bereich Ihrer Führungsverantwortung: Als Führungskraft haben Sie wahrscheinlich Unternehmensziele bekommen, die Sie verfolgen und mit Ihren eigenen Abteilungszielen bestmöglich erreichen sollen. Dabei sind Sie natürlich nicht allein und haben Ihr Team an Ihrer Seite. Aber wo fängt Ihr Verantwortungsbereich genau an und wo hört er auf? Ist das klar definiert worden? Hat das jemand eindeutig formuliert? Sorgen Sie dafür, dass Verantwortungsbereiche klar abgesteckt werden, damit Sie nicht im Tagesgeschäft ins Straucheln kommen, wenn es darum geht, Ihre Verantwortungsgrenze auszureizen, oder sie zu überschreiten. Sie können beispielsweise mit Ihrer eigenen Führungskraft eine Verantwortungsbeschreibung ausarbeiten. Das hat auch Vorteile für Ihren Vorgesetzten, denn ungeklärte Verantwortlichkeiten sorgen nicht selten dafür, dass Führungskräfte an ihre Belastungsgrenzen gehen, unter Stress leiden und damit ihre Leistungsfähigkeit sinkt.

2. Wie übernehmen Sie Verantwortung sich selbst gegenüber?

Zum einen haben Sie die Verantwortung, für sich selbst zu sorgen und damit auch für das Team ein starker Ansprechpartner zu sein. Belastbarkeit ist hier das Stichwort. Dazu gehört auch, sich darüber bewusst zu sein, welche Verantwortung Sie tragen und die Erwartungen, die an Sie gestellt werden, zu kennen. Nur dann können Sie für sich selbst die Verantwortung übernehmen und in eine Selbstreflektion treten.

Wenn Sie sich selbst reflektieren, sind Sie in der Lage, Fehlentscheidungen aufzudecken, Ihr Handeln zu hinterfragen und sich weiterzuentwickeln. Sie tragen die Verantwortung gegenüber sich selbst, Ihre Stärken und Potentiale weiterzuentwickeln und sich sowohl mit Belastendem als auch mit Positivem auseinanderzusetzen. Dabei können Lehrgänge, Coachings und Workshops helfen. Oft sind Führungskräfte in ihrem eigenen Handeln gefangen und gar nicht in der Lage, sich selbst zu hinterfragen. Und wenn sie es doch tun, leidet nicht selten das Selbstwertgefühl darunter. Das ist ganz und gar nicht das Ziel von Selbstreflektion. Eine gesunde Selbsteinschätzung sollte positive Effekte auf Ihr zukünftiges Handeln haben.

3. Wie übernehmen Sie Verantwortung gegenüber Ihren Mitarbeitern?

Sie als Führungskraft haben eine Fürsorgepflicht, die arbeitsrechtlich geregelt ist. Außerdem tragen Sie eine allgemeine Verantwortung gegenüber Ihren Mitarbeitern. Zeigen Sie beispielsweise als Leader Präsenz, wenn Sie mitbekommen, dass Mitarbeiter sich psychisch oder physisch nicht wohlfühlen oder sich nicht imstande fühlen, ihren Aufgaben nachzukommen. Sobald Ihnen als Führungskraft zu Ohren kommt, dass sich Ihre Mitarbeiter am Arbeitsplatz unwohl fühlen, sollten Sie ein Gespräch vorschlagen.

Ein Beispiel hierfür kann Mobbing sein. Sie stehen in der Verantwortung, die Persönlichkeitsrechte Ihrer Mitarbeiter zu schützen und einzugreifen, denn Mobbing kann für Betroffene zu einer starken seelischen Belastung werden. Auch private Herausforderungen oder belastende Phasen wie bspw. ein Umzug können dazu führen, dass Mitarbeiter nicht voll leistungsfähig sind. Nur so schaffen und erhalten Sie ein gesundes Arbeitsumfeld für Ihre Mitarbeiter.

VERANTWORTUNG DELEGIEREN

Betrachten wir nun den sehr interessanten Bereich der Verantwortungsabgabe – den der Delegation. Das Paradoxon in der Führung besteht darin, Verantwortung als Führungskraft zu übernehmen, indem man Verantwortung abgibt. Lesen Sie den Satz noch einmal ganz bewusst: Das Paradoxon in der Führung besteht darin, Verantwortung als Führungskraft zu übernehmen, indem man Verantwortung abgibt. Leider ist genau das ein Teil der Führung, der in Deutschland noch vernachlässigt wird.

Oft sind Führungskräfte fachlich so tief involviert, dass sie sich ihren eigentlichen Führungsaufgaben gar nicht widmen können. Wenn auch Sie noch sehr im Detail in Ihre Projekte involviert sind, können Sie die Abgabe von Verantwortlichkeiten durchaus lernen. Wenn Sie nun Angst verspüren, die Kontrolle über Ihre Projekte zu verlieren, ist dies durchaus normal. Verantwortung abzugeben, triggert automatisch die Angst vor Kontrollverlust.

HANDELN IST GUT, VERTRAUEN IST BESSER

Wer Verantwortung abgibt, muss auch die Verantwortung für fremdes Handeln übernehmen. Sie als Führungskraft verlassen somit Ihre Komfortzone und begeben sich in den „Risiko-Bereich" des Vertrauens. Auch diese Tatsache stellt in Deutschland leider noch ein Problem für viele Führungskräfte dar. So bedeutet „Verantwortung" doch eigentlich, die Folgen für sein eigenes Handeln zu übernehmen und auf einmal trägt man die Verantwortung für das Handeln anderer. Das liegt außerhalb unseres Einflussbereiches. Das Erreichen eines Unternehmenszieles liegt in den Händen unserer Mitarbeiter. In der Theorie eine etwas angsteinflößende Vorstellung. In der Praxis ein erfolgversprechender Weg, den erfolgreiche Führungskräfte gehen.

Wie mutig sind Sie?

DIE KERNAUSSAGEN

1. **Reflektieren Sie Ihren Umgang mit Verantwortung.** Stellen Sie sich im Führungsalltag immer wieder die entscheidenden Fragen.

2. **Lassen Sie Ihren Verantwortungsbereich klar definieren.** Sorgen Sie damit dafür, dass Sie und Ihr/e Vorgesetzte/r die Grenzen kennen und Sie sicher handeln können.

3. **Übernehmen Sie Verantwortung für sich selbst.** Sorgen Sie dafür, sich stetig zu hinterfragen und weiterzubilden, um für Ihre Mitarbeiter ein starker Ansprechpartner zu bleiben.

4. **Geben Sie Verantwortung ab.** Begeben Sie sich in Ihre persönliche Risikozone und vertrauen Sie Ihren Mitarbeitern. Geben Sie Ihrem Team (Frei)Raum.

PRAXIS

Finden Sie Ihre Blockade, die Sie davon abhält, in allen Bereichen, in denen Sie es sich wünschen, Verantwortung zu übernehmen. Um die Blockade zu überwinden, stellen Sie sich das Worst-Case-Szenario vor, falls Sie die Verantwortung übernehmen. Was könnte im schlimmsten Fall passieren?

Schreiben Sie das Szenario und seine Konsequenzen auf. Machen Sie sich bewusst, dass der schlimmste Fall in den seltensten Fällen eintritt.

3

DER TRANSPARENZ-IRRTUM

„Offenheit ist ein Schlüssel, der viele Türen öffnen kann."

– Ernst Ferstl

FRAGE 3:

„Sehen sie Transparenz als Verbündete?"

Warum leben so wenige Führungskräfte das Prinzip der Transparenz vor? Haben sie Angst? Wenn ja, wovor? Davor, sich zu durchschaubar darzustellen? Vielleicht haben sie aber auch schlichtweg Angst, selbst nicht die richtigen Worte zu finden, wenn es darauf ankommt. Eins steht fest: Verschlossene Führungskräfte verlieren an Glaubwürdigkeit und Authentizität, wenn sie ihr Innenleben komplett aus ihrem Führungsalltag aussperren. Dabei geht es einzig und allein um persönliche Offenheit im gesamtunternehmerischen Kontext.

Haben Sie selbst vielleicht auch bereits Situationen erlebt, in denen Sie Dinge schlichtweg nicht sagen DURFTEN, weil es um aktuelle Geschehnisse in der Führungsetage ging, die noch nicht in trockenen Tüchern waren? Wie haben Sie reagiert? Lassen Sie mich eins vorwegnehmen: Transparent zu erklären, in welcher Situation Sie sich befinden und klar zu sagen, dass Sie noch nichts sagen dürfen, wird Sie vermutlich weiter bringen, als Verschlossenheit.

Die Realität zeigt leider, dass Misstrauen und Verschlossenheit in Unternehmen nicht selten auf der Tagesordnung stehen. Sowohl Mitarbeiter als auch Führungskräfte ziehen häufig nach Enttäuschungen Konsequenzen und werden vorsichtiger. Sie geben nicht mehr alles Preis, halten Informationen zurück, um bloß nicht nochmal negativ aufzufallen. Das Gegenteil von Transparenz wird damit gelebt und verstärkt.

Genau hier sollte man sich folgende Frage stellen: Verstärkt die fehlende Transparenz das Misstrauen oder wird die fehlende Transparenz durch das Misstrauen noch weiter gestärkt?

EMOTIONEN SIND ERLAUBT

Die Motive der Führungskräfte, Dinge für sich zu behalten, sind vielfältig und nicht immer eigennützig oder negativ angesiedelt. Oftmals wollen Führungskräfte ihre Mitarbeiter schützen, bzw. vor Überforderung durch unvollständige oder negative Informationen bewahren.

Aber können Sie sich wirklich als Führungskraft anmaßen, Ihre Mitarbeiter zu entmündigen, indem Sie ihnen nicht zugestehen, Informationen selbst zu verarbeiten? Wie oft ist es Ihnen tatsächlich gelungen, etwas WIRKLICH geheim zu halten, ohne dass auch nur die geringste Information durchsickerte? War es nicht am Ende doch so, dass die Gerüchteküche brodelte, weil hier und da ein Gesprächsfetzen aufgefasst wurde? Ihre Mitarbeiter sind viel belastbarer als Sie denken.

Als Führungskraft sollten Sie sich bewusst sein, dass transparente Kommunikation immer für Emotionen unter Ihren Mitarbeitern führen kann. Als guter Leader beweisen Sie trotzdem Stärke und emotionale Intelligenz, indem Sie mit den Aussagen und aufsteigenden Kritikpunkten Ihrer Mitarbeiter umzugehen wissen. Bedenken Sie dabei immer, dass Offenheit und die damit verbundene Emotion, besser ist, als unterlassene Kommunikation, die die Gerüchteküche und somit das Misstrauen der Mitarbeiter stärkt.

TRANSPARENZ ENTSPANNT

Es ist menschlich, dass wir versuchen, unser Gegenüber einzuschätzen und zu taxieren. Genauso versuchen Ihre Mitarbeiter, sich ein Bild von Ihnen als Mensch und nicht nur als Führungsfigur zu machen. Sie fragen sich, ob Sie heute vielleicht mit dem falschen Fuß aufgestanden sind. Ob Sie vielleicht gerade ein schwieriges Meeting hinter sich haben. Sie fragen sich, warum Sie so kritisch gucken, wenn Sie morgens durch den Flur laufen. Und warum das alles? Weil Ihre Mitarbeiter nicht in Sie hineinschauen können. Die anderen Menschen wissen nicht, dass Sie gerade 35 Minuten im Stau gestanden haben und der Fahrer vor Ihnen alle 30 Sekunden auf die Bremse getreten ist, obwohl es überhaupt keinen Grund dafür gab – dass das aber der Grund für Ihren nicht gerade begeisterten Blick ist.

Machen Sie sich also wenigstens ein bisschen durchschaubar. Machen Sie sich transparent. Nur dann können Sie Ihren Mitarbeitern glaubwürdig entgegentreten und Ihnen so manche Angst nehmen. Das grimmige Gesicht hatte ja schließlich nichts mit Herrn Meyer aus dem zweiten Stock zu tun. Herr Meyer wird sich aber vielleicht den gesamten Tag Gedanken machen, warum ihn der grimmige Blick getroffen hat. Ein bisschen aufklärende Transparenz kann so schon deutlich den Arbeitsalltag entspannen.

Die gleiche Wirkung kann Transparenz auch innerhalb Ihres Teams haben. Wenn Sie die Offenheit innerhalb Ihres Teams fördern, bleibt Ihnen wohl so mancher Streitpunkt erspart. So braucht sich Susi aus dem Sales-Team nicht tagelang fragen, warum Günther aus der Produktion so genervt guckt, wenn er an ihrem Schreibtisch vorbeiläuft. Eine gelebte offene Kommunikation wird Susi dazu ermutigen, Günther einfach mal zu fragen, wie es ihm geht und sie wird schnell herausfinden, dass es persönliche Gründe hat, dass Günther jeden Morgen so genervt schaut.

Wer transparent kommuniziert, muss auch nicht ständig auf der Hut sein, etwas Geheimes preiszugeben. Natürlich erfordert Transparenz eine gewisse Portion Mut, denn Sie machen sich damit angreifbar und riskieren etwas. Das Risiko wird aber langfristig mit Vertrauen und Authentizität belohnt.

Wann haben Sie sich das letzte Mal getraut, Ihren Mitarbeitern Ihre wahren Gefühle zu zeigen?

YOUNG PROFESSIONALS SETZEN AUF TRANSPARENZ

Erkenntnisse aus dem sogenannten „Global Perspectives Barometer 2017"[1] von GfK und St. Gallen Symposium, in dem rund 1000 junge Führungskräfte in mehr als 80 Ländern zu ihrem Arbeits- und Führungsverständnis interviewt wurden, zeigen, dass die junge Generation großen Wert auf Transparenz und Austausch legt.

Folgende Kernergebnisse möchte ich beleuchten:

1. **„Leaders of Tomorrow verfolgen einen Lebensstil der kontrollierten Transparenz."**

   Das bedeutet, Persönliches wird geteilt, aber stets auserwählt und immer in einem gewissen Rahmen präsentiert.

2. **„Leaders of Tomorrow betrachten Transparenz als Grundlage für einen langfristigen Unternehmenserfolg."**

   Grundsätzlich sind junge Menschen bereit, Informationen im Unternehmen zu teilen und eine offene Fehlerkultur zu praktizieren.

3. **„Leaders of Tomorrow agieren als Whistleblower: Mehr Transparenz hilft öffentliches Anprangern zu vermeiden."**

   Junge Führungskräfte legen also Wert auf interne Klärung von unethischem Verhalten und mehr als die Hälfte der jungen Führungskräfte würde anonym die Öffentlichkeit informieren.

Lesen Sie die oben genannten Punkte noch einmal. Diese Erkenntnisse sind höchst wichtig für eine transparente Führung und eine moderne Unternehmenskultur. Wichtig ist, zu verstehen, dass transparent zu handeln nicht bedeutet, dass Sie sich für Ihre Entscheidungen und Taten rechtfertigen müssen. Sie sollten einzig und allein die Motive Ihrer Entscheidungen und Taten offenzulegen, sodass Ihre Mitarbeiter Ihr Handeln nachvollziehen, die Gesamtsituation besser verstehen und einschätzen können. Damit geben Sie Ihren Mitarbeitern Sicherheit im Alltag. Eine offene Fehlerkultur, wie in der Studie angesprochen, hilft außerdem dabei, Mitarbeitern Mut zu machen, innovativ zu denken und zu handeln. Innovative Gedanken bergen immer ein gewisses Risiko, auch mal einen Fehler zu machen oder einen falschen Weg zu gehen. Wenn Sie aber selbst vorleben, dass es kein Weltuntergang ist, einen Fehler zu machen, werden auch Ihre Mitarbeiter risikobereiter sein. Genau das kann ein starker Motor für die Produktivität Ihres Unternehmens werden.

DAS „PARADOXON DER TRANSPARENZ"

Für viele Führungskräfte gilt: Transparenz = Kontrolle. Sie könnten beispielsweise denken, dass Sie das Handeln Ihrer Mitarbeiter am besten transparent darlegen, indem Sie stets wissen, was diese tun und sich präsent zeigen. Die logische Konsequenz wäre, die Arbeitsschritte engmaschig zu kontrollieren. Doch genau hier zeigt sich das sogenannte „Paradoxon der Transparenz".

Das Paradoxon, in diesem Fall als Widerspruch eingesetzt, liegt klar auf der Hand, wenn wir uns folgenden Sachverhalt anschauen: Mit klarem Menschenverstand könnte man davon ausgehen, dass Mitarbeiter produktiver und motivierter sind, je mehr man sie überwacht, weil die Kontrolle sie anspornt.

Eine logische Schlussfolgerung könnte also lauten: Je mehr Transparenz, desto mehr Produktivität. Aber genau hier ist die Krux! Fühlen sich Ihre Mitarbeiter zu sehr kontrolliert, SINKT deren Leistungsvermögen, denn sie haben Angst, Fehler zu machen und spielen eine gewisse Produktivität nur vor.

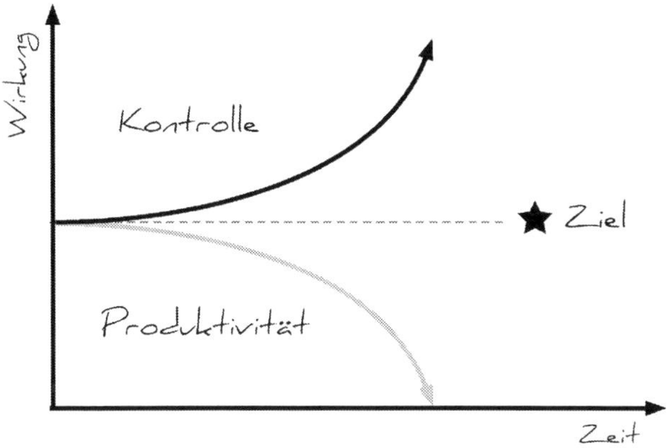

ABB. 3 Zu große Transparenz – im Sinne von Kontrolle – führt zu sinkender Produktivität.

Vielleicht kennen Sie dieses Phänomen von sich selbst. Steht der Vater, der Lehrer oder die eigene Führungskraft am Schreibtisch und schaut uns über die Schulter, möchten wir bloß nichts falsch machen. Und doch genau dann unterlaufen uns Fehler. Wir wollen einen bestmöglichen Eindruck hinterlassen und sind genau in dieser Situation nicht in der Lage dazu. Mitarbeiter sind Menschen, und Menschen arbeiten am besten eigenverantwortlich und unter einem positiven selbstgemachten Druck.

Als Sie noch als Angestellter tätig waren, oder es vielleicht im Moment noch sind, kannten oder kennen Sie wahrscheinlich auch das Gefühl in der Magengrube, wenn der Chef Ihr Büro betritt. Jetzt bloß nichts falsch machen. Jetzt bloß keine kreativen Experimente. Jetzt bloß nicht unmotiviert wirken und dem Chef Anlass zur Kritik geben. Können Sie die Stimmung im Büro förmlich spüren? Diese Stimmung ist unterschwellig erfüllt von Angst, denn wer sich kontrolliert fühlt, neigt zu Angst. Und Angst kann lähmend wirken.

Wie können Sie als Führungskraft nun das Gleichgewicht zwischen Kontrolle und Transparenz herstellen und somit das Paradoxon auflösen? Die Antwort liegt wie in so vielen Bereichen in der Führung im Vertrauen.

Stellen Sie sich die folgenden Fragen: Haben Sie ein gutes Bild von Ihren Mitarbeitern? Vertrauen Sie ihnen, dass sie motivierte und eigenverantwortlich handelnde Menschen sind, die Interesse daran haben, ihre bestmögliche Leistung abzurufen? Nur dann fördern Sie ein positives Arbeitsklima und schaffen selbstständig arbeitende Mitarbeiter, die sich wertgeschätzt fühlen. Menschen, die dank einer funktionierenden, transparenten Kommunikation im Team produktiv arbeiten. Transparenz STATT Kontrolle. Vielleicht werden diese Mitarbeiter ja sogar Ihre Erwartungen übertreffen und das Vertrauen hat sich gleich mehrfach gelohnt.

Gehen Sie das Risiko ein.

Kurz zusammengefasst bedeutet das für Sie:

- Bleiben sie authentisch bei allem, was Sie tun.
- Behalten Sie wichtige Informationen in keinem Fall für sich, sondern kommunizieren Sie klar Ihre Ziele, Erwartungen und Regeln.
- Bleiben Sie dabei stets in einem professionellen Rahmen, zeigen aber auch Ihr wahres Gesicht, wenn es denn zu Ihrer Glaubwürdigkeit beiträgt.
- Nur ein menschlicher Leader, der auch Schwäche zeigt, kann beliebt und glaubwürdig sein.
- Setzen Sie voll und ganz auf Transparenz.

DIE KERNAUSSAGEN

1. **Jede Kommunikation ist besser als gar keine.** Die Information, dass Sie nichts sagen dürfen, ist auch eine wertvolle Information.

2. **Trauen Sie Ihren Mitarbeitern mehr zu.** Ihr Team ist belastbarer als Sie denken.

3. **Zeigen Sie Emotionen, um Situationen zu entspannen und Missverständnissen vorzubeugen.** Ehrliche Kommunikation verhindert eine brodelnde Gerüchteküche und tagelanges Überlegen.

4. **Legen Sie Ihre Motive für Entscheidungen und Taten offen.** Sie müssen sich nicht für Ihre Entscheidungen rechtfertigen.

5. **Kontrolle wirkt leistungsmindernd, Transparenz leistungsfördernd.** Erkennen Sie das „Paradoxon der Transparenz" und legen Sie den Schalter um.

PRAXIS

Besuchen Sie in der kommenden Woche ganz bewusst weniger die Büros Ihrer Mitarbeiter. Lassen Sie sich Zwischenergebnisse mit größeren Abständen präsentieren und teilen Sie Ihren Mitarbeitern mit, dass Sie ihnen voll und ganz vertrauen. Lehnen Sie sich zurück und warten Sie gespannt auf die Ergebnisse.

Das fällt Ihnen schwer? Niemand hat behauptet, dass es leicht sein würde, die Zügel locker zu lassen ...

4

FREIHEIT DURCH GRENZEN

„Nur wer sein Ziel kennt, findet den Weg."

– Laotse

FRAGE 4:

„Wirken Ihre Rahmenbedingungen unterstützend und motivierend?"

Dass Sie Führungskraft sind, bedeutet, dass Sie Menschen mit ganz unterschiedlichen Charakteren, Fähigkeiten, Erfahrungen und Altersklassen im besten Falle zu einem homogenen Team formen. Dafür benötigt man Fingerspitzengefühl und auch Regeln. Team-Spielregeln in Ihrer Abteilung aufzustellen, ist äußerst wichtig, führt zu einem besseren Verständnis untereinander und kann die Kommunikation im Alltag extrem erleichtern – sowohl unter den Mitarbeitern, als auch im Umgang mit Ihnen als Leader.

Optimal wäre es, die Spielregeln gemeinsam zu entwickeln. Gerade in empfindlichen Bereichen wie den sozialen Rahmenbedingungen am Arbeitsplatz, sollten

Sie Ihre Mitarbeiter in Entscheidungen miteinbeziehen und mitentscheiden lassen, sodass die Regeln nicht aufgezwungen wirken, sondern aus den Mitarbeitern heraus unterstützt werden. Insbesondere, wenn Sie als Führungskraft neu in ein Unternehmen bzw. in ein Team kommen, ist es unerlässlich, von Anfang an klare Spielregeln zu formulieren. Aber auch, wenn Sie in Ihrem bisherigen Unternehmen aufsteigen und vom Kollegen zur Führungskraft werden, kann es hilfreich sein, klare Grenzen zu formulieren und mit Spielregeln einen Rahmen vorzugeben.

Wie können Sie Ihre Mitarbeiter nun bei der Formulierung der Spielregeln miteinbeziehen? Am besten geht dies außerhalb der vier Wände Ihres Büros. Erfahrene externe Coaches wissen genau, welche Kommunikationsregeln und Verhaltensmaßnahmen für eine moderne Teamstruktur unterstützend wirken. Gemeinsam mit einem solchen Coach könnten Sie beispielsweise an einem Teamtag außerhalb des Unternehmens die Entwicklung der Spielregeln einbauen. Im Rahmen eines Workshops, in dem es beispielsweise um die Jahresplanung des Unternehmens geht, könnten Sie eine Session zum Thema „Team-Spielregeln" einberufen.

Wenn alle Mitarbeiter nach dem gemeinsamen Tag die Spielregeln formuliert haben und anschließend symbolisch unterschreiben, erhöht das die Akzeptanz im Team deutlich, denn alle waren Teil eines gemeinsamen Entscheidungsprozesses. Eine Top-Down-Entscheidung wäre in diesem Fall kontraproduktiv.

ROLLENVERTEILUNG NACH STÄRKENPROFILEN

Wussten Sie, dass Konflikte zwischen Mitarbeitern meist dann entstehen, wenn Spielregeln nicht klar vorgegeben sind? Wussten Sie außerdem, dass eine klare Rollenverteilung unter anderem zu den Spielregeln dazu gehört und, keine klare Rollenverteilung dazu führen kann, dass Mitarbeiter Konkurrenzdenken und Frust ausbilden? Rahmenbedingungen sind also nicht nur für Sie als Führungskraft wichtig, sondern tun vor allem auch Ihren Mitarbeitern gut. Nur wenn man nicht über essentielle Kommunikationsformen diskutieren muss, kann man auch inhaltlich und fachlich tiefer in die Materie tief einsteigen. Auch bei der Arbeit wollen Menschen Beziehungen auf Augenhöhe führen und brauchen eine klare Rollenverteilung.

Was meint der Begriff „Rollenverteilung" in diesem Zusammenhang genau? Rollen sind vor allen Dingen in kleinen Teams wichtig. So gibt es in Ihrem Team wie auch im alltäglichen Leben unterschiedliche Charaktere, persönliche Vorlieben und Talente. Haben Sie sich schon einmal genau mit den verschiedenen Charakteren Ihres Teams befasst und sich bemüht, diese kennenzulernen?

Sie könnten sich z. B. folgende Fragen stellen:

- Welches Teammitglied ist extrovertiert, welches eher introvertiert und sucht die Distanz?
- Welches Teammitglied ist besonders kreativ und ständig auf der Suche nach Innovationen? Wer hat besondere Skills im Projektmanagement und kann Teams gut anleiten?
- Wer ist der Kritiker unter den Teammitgliedern?
- Wer ist das fleißige Bienchen und organisatorisch stark bewandert?

Nur wenn Sie Ihre Mitarbeiter hinsichtlich ihrer Stärken und persönlichen Neigungen gut einschätzen können und kennen, werden Sie die richtigen Rollen für sie finden. Nachdem Sie die Rollen gefunden haben, teilen Sie sie eindeutig zu. Keine Rolle ist dabei in Stein gemeißelt. Natürlich können Mitarbeiter sich entwickeln, neue Bereiche erschließen und in neue Rollen schlüpfen. Bei der Rollenverteilung ist außerdem wichtig, dass Sie die Rollen nicht den Mitarbeitern überstülpen, sondern mit Ihnen sprechen und die Rolle somit intrinsisch motiviert ausgeführt wird.

WER SCHREIBT, DER BLEIBT

In welchem Bereich benötigen Sie noch Spielregeln? Wenn erwachsene Menschen zusammentreffen, könnte man meinen, dass diese die allgemeinen Spielregeln eines harmonischen und produktiven Miteinanders kennen. Und doch tun Sie sicherlich nicht schlecht daran, die Regeln noch einmal klar zu formulieren und tatsächlich zu Papier zu bringen. Nehmen wir das Beispiel Meetingkultur:

- In welchem Zeitfenster dürfen Meetings angesetzt werden?
- Wie wichtig ist Pünktlichkeit und was passiert bei einer Verspätung?
- Wie wichtig ist es Ihnen, dass Ihre Mitarbeiter mit ihrer vollen Aufmerksamkeit an den Meetings teilnehmen und keine elektronischen Geräte mit in den Raum bringen, es sei denn, sie werden für Präsentationszwecke benötigt?

Einfache Regeln wie „Wir lassen den anderen ausreden und kritisieren konstruktiv" erscheinen selbstverständlich, es wirkt aber Wunder, diese Sätze noch einmal schriftlich zu fixieren.

EIN LEADER KENNT NICHT NUR DAS ZIEL, SONDERN AUCH DEN WEG DORTHIN

Wie können Sie Ihre Mitarbeiter nun noch mehr dazu ermutigen, Ihre Spielregeln zu befolgen? Ein entscheidender Faktor für Sie als Führungskraft ist die Ausstrahlung einer Vision. Ein echter Leader weiß, wohin er will und wohin er seine Mitarbeiter führen muss, um mit ihnen gemeinsam erfolgreich zu sein. Und genau das sollten Sie ausstrahlen! Es reicht nicht, Ihre Vision selbst zu kennen und sie im stillen Kämmerlein zu lesen. Sie müssen Ihre Vision leben und auch nach außen kommunizieren.

Würden Sie einem Leader folgen, der selbst nicht weiß, wohin er geht?

Vermutlich nicht, da helfen auch die besten Spielregeln nichts. In der heutigen Welt, die von permanenter Transformation, digitaler Weiterentwicklung und technologischen Veränderungen geprägt ist, brauchen

Mitarbeiter einen starken Leader, der Licht am Ende des Tunnels sieht. Für Sie heißt das, Sie brauchen eine starke Vision und ein möglichst scharfes Bild von der Zukunft. Wenn Sie selbst ganz genau wissen, was Sie erreichen wollen, werden Sie auch andere auf Ihrem Weg dorthin mitnehmen und dafür begeistern. Ihre Vision sollte ständig präsent sein, wiederholen Sie sie. Leben Sie sie. Handeln Sie nach ihr. Die Vision sollte Ihren Mitarbeitern in Fleisch und Blut übergehen und neue Mitarbeiter sollten bereits im Onboarding-Prozess damit konfrontiert werden.

Haben sie eine Vision? Falls nicht, könnte das ein Punkt auf der Agenda für den nächsten Teamtag stehen. Falls ja, leben Sie diese noch stärker vor. Begeistern Sie.

Eine gemeinsame Vision lässt Sie und Ihr Team leichter im Rahmen der Spielregeln an einem Strang ziehen. Eine gemeinsame Vision erleichtert es, im Team Ziele zu formulieren und diese nachhaltig zu verfolgen. Auch in der heutigen agilen Arbeitswelt können vermeintlich starre Ziele noch produktions- und motivationssteigernde Wirkung haben. Eine agile Arbeitsweise schließt Ziele nicht aus, sofern die formulierten Ziele nicht in Stein gemeißelt werden und sich agil im Prozess verhalten.

ABB. 4 Ein Leader mit klarer Vision motiviert zur Folge.

Auch zum Thema Ziele sollten Sie als Führungskraft also klare Spielregeln formulieren:

- Wie werden die Ziele Ihrer Mitarbeiter gesteckt?
- Wie werden diese regelmäßig kontrolliert?
- Wie wird eine Zielerreichung entlohnt?
- Ist die Zielerreichung vertraglich festgehalten oder geht es um Teamziele, die ausschließlich der Produktivitätssteigerung dienen?

ZIELE RICHTIG SETZEN

Zu Beginn sollten Sie zwischen quantitativen und qualitativen Zielen unterscheiden. So gibt es die von harten Zahlen getriebenen Ziele, wie beispielsweise die Umsatzsteigerung. Dann sind da noch die weichen Ziele, wie z. B. die Steigerung der Kundenzufriedenheit. Eine weitere Unterscheidung der Ziele geschieht in der Teilung zwischen Team-Zielen und individuellen Zielen. Beide Arten von Zielen können sinnvoll sein und werden unterschiedliche Ergebnisse fördern. Ein Team-Ziel trägt dazu bei, dass die Zusammenarbeit und die Kommunikation gefördert werden. Ein individuelles Ziel trägt zur individuellen Entwicklung jedes Einzelnen bei. Eine Mischung beider Formen ist hier zu empfehlen.

Wichtig ist in jedem Fall, genauso wie bei den Spielregeln, dass gesetzte Ziele sowohl fachlich als auch motivatorisch aus dem Mitarbeiter selbst kommen. Eine intrinsische Motivation ist bei der Erreichung von beruflichen Zielen entscheidend. Nur ein Mitarbeiter, der intrinsisch Ihrer Vision und den Unternehmenszielen folgt, kann auch seine individuellen Ziele maximal produktiv erreichen. Eine extrinsische Motivation, wie beispielsweise eine Sonderzahlung oder ein Bonus, sind nicht die entscheidenden Treiber für die Zielerreichung. Bedenken Sie jedoch immer, dass die Ziele keine zusätzliche Belastung zum Tagesgeschäft Ihres Teams darstellen sollten, sondern stets die Erfüllung des Tagesgeschäfts beinhalten. Wenn Ihre Mitarbeiter die täglichen Todos in Konkurrenz mit ihren Zielen sehen, werden sie eher abwägen, welche der beiden Tätigkeiten wichtiger ist.

IHRE ROLLE IN DER ZIELERREICHUNG

Beziehen wir nun noch einmal das Thema Konsequenz mit ein, erfordert die Setzung von Zielen natürlich auch die stetige Kontrolle in Form eines Soll-Ist-Vergleiches und die Feststellung der Zielerreichung in Prozent. Um einen wirkungsvollen Soll-Ist-Vergleich in regelmäßigen Abständen ziehen zu können, sollten Sie die Ziele gemeinsam mit Ihren Mitarbeitern nach der sogenannten SMART-Formel aufstellen.

Das Wort SMART steht für: Spezifisch, Messbar, Akzeptiert, Realistisch und Terminiert. Nur wenn alle fünf Faktoren bei der Zielformulierung mit einfließen, können Sie als Führungskraft Ziele nachhalten, bestätigen oder auch im schlechtesten Fall argumentationsstark als nicht erreicht deklarieren.

ABB. 5 Eine smarte Zielsetzung legt den Grundstein für die erfolgreiche Erreichung.

Während des gesamten Prozesses der Erarbeitung von Zielen, sollten Sie als Führungskraft für sämtliche unterstützende Maßnahmen sorgen: Muss einer Ihrer Mitarbeiter beispielsweise eine Weiterbildung besuchen, um sein Ziel vollumfänglich zu erreichen? Ermöglichen Sie es ihm. Braucht einer Ihrer Mitarbeiter noch eine neue Software? Geben Sie ihm einen Zugang. Oder müssen Sie als Führungskraft noch fehlende Informationen bereitstellen? Tun Sie das. Denn wenn Sie Ihren Mitarbeitern Ziele vorgeben, bedeutet das für Sie als Führungskraft nicht, dass Sie die Füße hochlegen können. Nichtsdestotrotz ist der Einsatz von intrinsisch motivierten Zielen nach wie vor eines der wirksamsten Mittel zur Produktivitätssteigerung eines Unternehmens.

Zusammengefasst möchte ich Ihnen mit auf den Weg geben, dass eindeutige Spielregeln, eine klare Rollenverteilung und das Setzen von SMART formulierten Zielen, die intrinsisch motiviert sind, Sie als Führungskraft stärken. Menschen brauchen Leitplanken, zwischen denen sie sich dann allerdings frei bewegen können.

Geben Sie Ihren Mitarbeitern Grenzen, damit sie Flügel bekommen.

DIE KERNAUSSAGEN

1. **Erarbeiten Sie die Spielregeln mit Ihren Mitarbeitern.** Nutzen Sie dafür z.B. einen Workshop außerhalb der sonst genutzten Räumlichkeiten.

2. **Lernen Sie jedes Teammitglied besser kennen.** Teilen Sie ihm dementsprechend eine passende Rolle zu.

3. **Fixieren Sie Kulturregeln schriftlich.**

4. **Entwickeln Sie eine Vision.** Leben Sie sie und handeln Sie nach ihr.

5. **Setzen Sie gemeinsam mit Ihrem Team Ziele.** Legen Sie höchsten Wert auf die intrinsische Motivation Ihrer Mitarbeiter.

6. **Führen Sie regelmäßig Soll-Ist-Vergleiche der Zielerreichung durch.** Geben Sie Regeln vor und lassen Sie Freiräume.

PRAXIS

Beschäftigen Sie sich mit dem Thema Vision. Setzen Sie sich mit der Vision Ihres Unternehmens auseinander und ziehen Sie die Konsequenzen daraus für Ihr persönliches Verhalten als Leader.

5

DAS GEHEIMNIS DER KOOPERATION

„Zusammenkommen ist ein Beginn, zusammenbleiben ist ein Fortschritt, zusammenarbeiten ist ein Erfolg."

– Henry Ford

FRAGE 5:

„Sehen Sie Kooperation als modernen Schmelztiegel von Fähigkeiten?"

Gute Führungskräfte sind echte Teamplayer. Sie erkennen, welche Charaktere und welche Stärken in ihren Teams stecken und kombinieren Fähigkeiten im Team so smart miteinander, dass ihre Teams außerordentliche Ergebnisse erzielen. Dabei stehen sie dem Team zwar als Führungskraft vor, sind allerdings nicht autoritär überlegen. Wie leiten Sie Ihr Team?

Lassen Sie uns jetzt den sogenannten „kooperativen Führungsstil" näher beleuchten. Wer den kooperativen Führungsstil verfolgt, legt als Basis ein partnerschaftliches Miteinander zugrunde. Mitarbeiter und Führungskräfte legen den Fokus auf Teamarbeit und konstruktives Feedback. Dabei geht es nicht darum, dass alle auf einer Hierarchieebene stehen und immer alles Friede, Freude, Eierkuchen ist – Sie als Führungskraft haben nach wie vor das Entscheidungsvermögen. Nichtsdestotrotz stehen Sie nicht ÜBER Ihrem Team. Ihr Team steht an Ihrer Seite.

Natürlich sollten Sie sich zuallererst fragen, ob Ihr Charakter und Ihre Persönlichkeit einen kooperativen Führungsstil grundsätzlich unterstützt bzw., was Sie tun können, um alte Denkmuster zu durchbrechen.

Ziel von Teamwork und kooperativer Führung ist stets ein kommunikatives Miteinander auf Augenhöhe. Sie sind nicht der Chef, der alle Entscheidungen allein trifft und diese anschließend kommuniziert. Es sollte vielmehr auf einen Entscheidungsprozess hinauslaufen, in den Ihre Mitarbeiter miteinbezogen werden, sie konstruktive Kritik äußern können, die sogar ausdrücklich erwünscht ist. Ihre Mitarbeiter werden unter solchen Arbeitsbedingungen vermutlich aufblühen, da sie weniger Druck und Zwang verspüren, Dinge leisten zu müssen. Stattdessen wird die intrinsische Motivation gefördert.

DER KOOPERATIVE FÜHRUNGSSTIL

Auch an dieser Stelle tragen regelmäßige Teambuilding-Maßnahmen, Gesprächsrunden und gemeinsame Events dazu bei, dass Sie als Führungskraft zwar dem Team vorstehen, aber als Teammitglied akzeptiert werden. In lockerer Runde geht einem vielleicht auch leichter das „Du" über die Lippen. Amerikanische Unternehmen leben das lockere Miteinander im Arbeitsalltag vor und junge Start-Ups aus dem Silicon Valley gehen mit gutem Beispiel voran, wie eine positive Teamatmosphäre zum Unternehmenserfolg beitragen kann.

Ein kooperativer Führungsstil mit gelebter Teamkultur trägt dazu bei, dass sich Ihre Mitarbeiter besser mit ihrem Unternehmen identifizieren können und Freude bei der Arbeit empfinden. Es geht um ein kreatives Miteinander, bei dem die von Ihnen entgegengebrachte Wertschätzung und das Vertrauen zu Ihnen zurückkehrt. Die kooperative Führung gibt Ihren Mitarbeitern Raum für Kreativität und neue Ansätze, die stets mit einem großen Maß an Freiheit verbunden sein sollten. Aber Vorsicht: ein kleiner Stolperstein könnte an dieser Stelle die zu große Freiheit sein. Mitarbeiter könnten das große Maß an Freiheit überstrapazieren. Wenn Meetings z. B. in endlose Dauer-Diskussionen ausarten, sollten Sie als Führungskraft intervenieren. Greifen Sie dabei niemals die generelle Freiheit der Mitarbeiter an, sondern setzen Sie einen klaren, kleineren Rahmen, in dem die Diskussion weiter stattfinden kann. Sie sind der Moderator. Sie behalten das gemeinsame Ziel und die gemeinsame Vision im Auge.

Wenn Sie den kooperativen Führungsstil in Ihrem Team etablieren möchten, könnten Sie sich zu Beginn z.B. folgende Fragen stellen:

- Ist Kritik von meinen Mitarbeitern herzlich willkommen und werden neue Ideen zugelassen?
- Treten wir mit gegenseitigem Respekt einander gegenüber?
- Beziehe ich meine Mitarbeiter aktiv in meine Entscheidungen ein?
- Verzichte ich weitestgehend darauf, meinen Mitarbeitern Anordnungen von oben zu geben?
- Wie groß ist der Anteil an Teamarbeit im Tagesgeschäft und wie kann man ihn vergrößern?

Gerade in heutigen Zeiten des dezentralen Arbeitens und der dezentralen Führung kommt es immer häufiger vor, dass Ihr Team nicht gemeinsam an einem Ort arbeitet. So ist der eine auf Geschäftsreise, der andere im Hauptsitz in Norddeutschland und der Dritte im Homeoffice. Nichtsdestotrotz können Sie als Führungskraft ein Wir-Gefühl stärken und hochhalten. Führen Sie dazu z. B. ein regelmäßiges Meeting ein, bei dem Ihre Mitarbeiter sich austauschen und Ideen, Zukunftsängste oder Unsicherheiten besprechen können. Beobachten Sie dabei ganz genau, welcher Ihrer Mitarbeiter welches Bedürfnis hat. Scheint beispielsweise der Wunsch nach mehr Verantwortung durch? Sehnt sich einer Ihrer Mitarbeiter nach anderen Aufgaben? Leiten Sie diese Art von Gesprächen offen, aber bestimmt.

DIE MACHT DES WIR-GEFÜHLS

Kevin Cahill, Geschäftsführer des W. Edwards Deming Institute, sprach in einem seiner Ted-Talks mit dem Titel „Teamwork Reimagined"[2] über die Wichtigkeit der Grundeinstellung von Teammitgliedern.

Auf der einen Seite seiner Ausführungen steht das „Ich-Denken". Dieser Ansatz verfolgt die eigenen Interessen mehr als die, die für den Erfolg des Teams verantwortlich wären. Auf der anderen Seite steht das „Wir-Gefühl", unter dem alle Teammitglieder eine gemeinsame Motivation und ein gemeinsames Ziel verfolgen. Nur wenn mit dem Wir-Gefühl ein gemeinsames Ziel einhergeht, können wirklich alle Teammitglieder ihre eigenen Interessen dem Gruppenziel unterordnen und motiviert an ihrer individuellen Aufgabenerfüllung arbeiten. Das Gesamtergebnis würde sogar dazu führen, dass der Erfolg größer wahrgenommen wird, da ein gewisser Stolz auf das gesamte Team einwirkt und das Schaffen einer gemeinsamen Spitzenleistung das Gemeinschaftsgefühl noch mehr stärkt. Insofern sind nicht nur Sie als Führungskraft für das Schaffen eines Wir-Gefühls zuständig, sondern jeder einzelne in Ihrem Team.

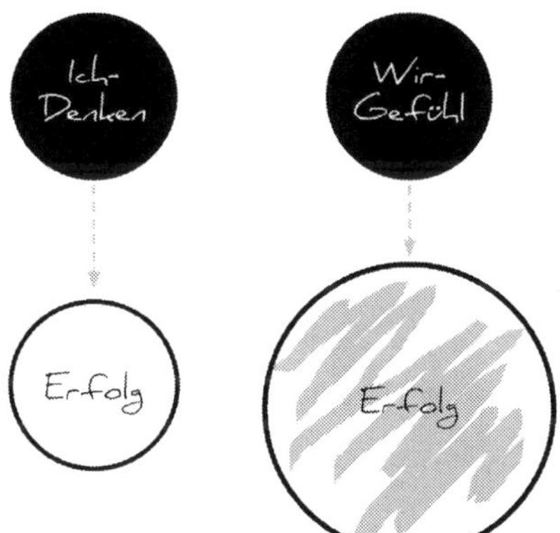

ABB. 6 Das gemeinsame Ziel führt zu größerem Erfolg.

Das Einzige, was Sie als Führungskraft tun sollten, ist das gemeinsame Ziel klar zu definieren, Ihren Mitarbeitern dies stets vor Augen zu halten und es neuen Teammitgliedern zu vermitteln. Schärfen Sie Ihre eigene Vorstellung einer Vision und falls Sie keine haben, definieren Sie Ihre Unternehmensvision und den Zweck Ihres Handelns klar und deutlich.

Gehen Sie danach in die Kommunikation mit Ihren Mitarbeitern, ohne Ihre Gedanken vorzugeben. Geben Sie Ihren Mitarbeitern lieber die Möglichkeit, Gedanken beizutragen, Details zu verändern und Teil Ihrer Vision zu werden. Eine Kleinigkeit, die wahre Wunder wirkt, ist z. B. die Freigabe Ihres Kalenders und die des Teams. Wenn alle Teammitglieder transparent und kooperativ einsehen können, woran die Führungskraft und die anderen arbeiten, erscheint das eigene Tun sinnvoller und komplexe Aufgaben können arbeitsteilig clever gelöst werden.

DER BLICK ÜBER DEN TEAM-TELLERRAND

Nicht nur innerhalb Ihres Teams, sondern auch teamübergreifend über Abteilungen hinweg, können durch operative Führung wertvolle Synergieeffekte gewonnen werden. Bedenken Sie also nicht nur Ihre eigene

Abteilung, sondern die Zusammenarbeit mit anderen Führungskräften und Kollegen. Ein abteilungsübergreifender Teamworkshop, bzw. ein bunt gemischtes Team-Event bildet die Grundlage für eine positive und konstruktive Zusammenarbeit. Manchmal gilt es, sich vorerst über interne Grenzen hinweg zu setzen, bevor Synergieeffekte frei werden. Danach kann aber ein wahrer Schmelztiegel an Fähigkeiten und Ergebnissen entstehen. Nicht ganz unwichtig ist dabei ein optimales Schnittstellenmanagement. Setzen Sie an die Schnittstelle Ihres Teams zu den anderen Teams eine Person, die dieser Rolle gewachsen ist: einen echten Teamplayer, der kommunikationsstark und empathisch ist.

VORBILD WOLF

Wir leben in einer Zeit, in der Führung neu durchdacht werden muss. Was hat es mit Buzzwords wie „Social Leadership" und "Agilem Arbeiten" auf sich? Können Führungskräfte die komplexen Aufgaben in der heutigen digitalen, transformativen Welt übcrhaupt noch alleine meistern? Wie kann Kooperation helfen?

Die Gesellschaft schreit nach moderner Führung. Doch eine moderne Unternehmenskultur muss sich erst entwickeln. So wäre es naiv zu glauben, dass Menschen, die jahrelang in einem festen Gefüge von Arbeitsgewohnheiten gearbeitet haben, von heute auf morgen ihre Bedürfnisse und inneren Einstellungen ablegen können. Der beste Tag, um damit zu beginnen, ist trotzdem heute. Warum nicht jetzt sofort?

Geben Sie Social Leadership eine Chance. Handeln Sie konsequent, halten Sie Ihre Versprechen, machen Sie Ihre Entscheidungen transparent und arbeiten Sie im Team mit Ihren Mitarbeitern zusammen. Brechen Sie aus starren Hierarchiestrukturen aus, die neue Ideen im Keim ersticken. Geben Sie Ihren Mitarbeitern viele Freiheiten. Das mag zunächst leichter gesagt als getan klingen. Werfen wir einen Blick in die Natur, um zu verstehen, wie einfach Social Leadership sein kann. Wir finden ein gutes Beispiel für soziale Führung in Wolfsrudeln:

Unter Wölfen gibt es den sogenannten Alpha-Wolf, der wichtige Führungsaufgaben erfüllt. Nichtsdestotrotz hält er sich im sozialen alltäglichen Geschehen des Rudels im Hintergrund und reagiert nur in bestimmten Situationen dominant. Eher unterschwellig signalisiert er allen Rudelmitgliedern, in welche Richtung sie gehen sollen. Wenn bspw. zwei Rudelmitglieder aufeinander losgehen und in eine Beißerei geraten, geht der Alpha-Wolf nicht dazwischen und herrscht den Streit auslösenden Wolf an. Er geht intelligent und sozial empathisch an den Konflikt heran und lenkt einen der beiden durch Spielverhalten ab. Damit löst er den Konflikt und der Frieden im Rudel wird wieder hergestellt. In allen anderen Situationen hält sich der Leitwolf eher im Hintergrund und gewährt viele Freiheiten.

Die Grundregeln sind allen Rudelmitgliedern bekannt. Wenn jeder weiß, nach welchen Regeln er zu spielen hat, kann er auch seine Freiheiten genießen.

CHEF ODER LEADER?

“Bei 64 Prozent der deutschen Weltmarktführer herrscht eine Unternehmenskultur, in der Führungskräfte als Partner und Mentoren agieren, das heißt Teamplayer sind, statt auf "Command & Control" zu setzen. Und das zahlt sich wirtschaftlich aus.”[3]

Aber bedeutet Leader zu sein nicht dasselbe, wie Chef zu sein? Ganz und gar nicht! Während für den Chef seine Mitarbeiter funktionieren sollten und bei Bedarf ausgetauscht werden, heißt es für den Leader empathisch zuzuhören, wertzuschätzen, zu fördern und Ideen dort unkritisiert sein zu lassen, wo sie auftauchen. Der Chef sieht Mitarbeiter als Konkurrenz für seinen Machtkreis, schürt Neid und Missgunst und stellt allem voran das ICH. Ein wahrer Leader sichert hingegen den langfristigen Unternehmenserfolg, indem er ein Expertenteam aufbaut und das WIR allem anderen voranstellt. Er ist ein Vorbild.

Setzen Sie auf koorperative Führung?
Setzen Sie auf Ihr Team?

DIE KERNAUSSAGEN

1. **Stellen Sie sich nicht über Ihr Team.** Stellen Sie Ihr Team an Ihre Seite.

2. **Geben Sie Ihren Mitarbeitern Freiheiten.** Intervenieren Sie und schmälern Sie den Raum, wenn Diskussionen ausarten.

3. **Stärken Sie das Wir-Gefühl.** Fordern Sie aber auch von jedem Einzelnen seinen Teil ein.

4. **Schärfen Sie Ihre Vision.** Wiederholen Sie Ihre Botschaft und machen Sie Ihre daraus resultierenden Arbeitsschritte transparent.

5. **Betrachten Sie abteilungsübergreifende Synergieeffekte.** Erschaffen Sie in Ihrem Unternehmen einen wahren Schmelztiegel an Fähigkeiten.

6. **Seien Sie kein Chef.** Seien Sie ein Leader, der langfristig denkt und sein Team kooperativ führt.

PRAXIS

Schreiben Sie die Vision Ihres Unternehmens und Ihre persönliche Vision auf. Was haben beide Visionen gemeinsam? Was unterscheidet sie? Schärfen Sie das Bild Ihrer persönlichen Vision, indem Sie sie in einem Satz formulieren. Weniger ist mehr. Zwingen Sie sich zu einer knackigen Aussage.

Versuchen Sie bei nächster Gelegenheit, Ihre Vision Ihren Mitarbeitern näher zu bringen und kooperativ deren Umsetzung zu gestalten.

6

DELEGATION ALS ENERGIEQUELLE

„Wer seiner Führungsrolle gerecht werden will, muß genug Vernunft besitzen, um die Aufgaben den richtigen Leuten zu übertragen, und genügend Selbstdisziplin, um ihnen nicht ins Handwerk zu pfuschen."

– Theodore Roosevelt

FRAGE 6:

„Haben Sie Delegation systematisiert oder kämpfen Sie noch mit Ihren Ängsten?"

Wer delegiert, fördert. Führungskräfte, die Aufgaben an ihre Mitarbeiter delegieren, fördern nachweislich die Motivation im Team, die Identifikation mit dem Unternehmen, die Sinnhaftigkeit der eigenen Arbeit und schaffen Entwicklungsperspektiven für alle Beteiligten. Welche Hauptaufgabe haben Sie eigentlich als Führungskraft? Richtig, Ihre Aufgabe besteht darin, MIT Ihren Mitarbeitern Ziele zu erreichen. Wenn Sie als Führungskraft delegieren, hat das also nicht nur Vorteile für Sie, sondern auch für Ihr gesamtes Team und die Produktivität Ihrer Abteilung. Der Vorteil für Sie liegt auf der Hand.

Sie sind nicht Experte auf jedem Gebiet. Und das ist auch gar kein Problem, denn dafür haben Sie Ihre Spezialisten. Wenn Sie also fachliche Aufgaben, Recherchetätigkeiten oder einfach zu erledigende Verwaltungsaufgaben delegieren, können Sie sich auf Ihre Kernaufgaben als Führungskraft konzentrieren und beispielsweise strategische Planungen angehen, während das Tagesgeschäft weiterläuft. Genau diese strategischen und planerischen oder auch führenden Aufgaben sollten Sie keinesfalls delegieren. Denn genau diese Aufgaben sind ja Ihre Aufgaben als Manager.

Natürlich sind Sie in gewisser Weise als Manager auch ein Macher. Sie können aber keinesfalls immer alles richtig machen und sollten viel mehr auf die Fähigkeiten Ihrer Teammitglieder vertrauen. Wenn Sie das tun, kann jeder Einzelne sein Potenzial voll ausschöpfen und sein Selbstvertrauen stärken, was wiederum zu einem starken produktiven Teamspirit führt.

ZWISCHEN ÄNGSTEN UND ENTLASTUNG

Die Delegation gehört mit Sicherheit zu einem der wertvollsten Führungsinstrumente, die Sie als Leader haben. Das wissen die meisten Führungskräfte und doch gelingt es nur wenigen Managern, die Delegation sinnstiftend und richtig einzusetzen. Oft spuken negative Gedanken in den Köpfen der Führungskräfte herum: „Wenn ich das selber mache, geht es viel schneller" oder „Bis ich das jemandem erklärt habe, habe ich es zweimal selber gemacht". Dahinter stecken oft Ängste, wie die des Kontrollverlusts oder die des Angriffs auf die eigene Kompetenz. Eins ist klar: Es gehört eine Menge Mut und Charakterstärke dazu, sich einzugestehen, dass ein anderer bzw. ein Teammitglied die Aufgabe auch oder sogar besser erledigen könnte. Stellen Sie sich diesem Problem. Schauen Sie Ihren Ängsten ins Gesicht und überwinden Sie sie. Sie werden sehen, dass Sie sich selbst damit vor gefährlicher Überarbeitung schützen und Ihre Mitarbeiter motivieren und fördern. Der erste Schritt in die richtige Richtung, wäre eine andere Arbeitsweise als die eigene zu akzeptieren und wertzuschätzen. Sind Sie dazu bereit?

Wir befinden uns in einer Führungswelt, die sich immer rasanter weiterentwickelt und in der immer größere Anforderungen an Sie als Führungskraft, aber auch an Ihre Mitarbeiter gestellt werden. Spätestens jetzt ist es an der Zeit, aus Ihren Mitarbeitern eigenverantwortlich denkende Teammitglieder zu machen und sie entsprechend zu behandeln, indem Sie wichtige Aufgaben an sie delegieren. Sie selbst sind der Leader, der die Richtung vorgibt und an schwierigen Punkten als Entscheidungshilfe und Unterstützung zur Seite steht.

Delegation ist eine Führungskompetenz, die in der modernen Arbeitswelt zu einem Must-Have geworden ist. Der milliardenschwere Unternehmer Richard Branson sagte einmal „Nur wer Aufgaben abgibt, kann mit seinem Unternehmen wachsen. Denn auch wenn das für viele Unternehmer eine unglaubliche Vorstellung ist: Man kann nicht alles selbst machen – und muss auch mal die Kontrolle abgeben."

Was bedeutet das für Sie? Trauen Sie sich, einen Perspektivwechsel zu vollziehen. Sie sind vermutlich fachlicher Experte, aber auch Führungskraft. Versuchen Sie im Rahmen der Delegation, den Blickwinkel des Experten hinten anzustellen. Sie haben einen Experten vor sich sitzen, ein Mitglied Ihres Teams. Vertrauen Sie darauf, dass dieses die Fähigkeiten besitzt, die ihm aufgetragene Aufgabe zu Ihrer vollsten Zufriedenheit zu erledigen.

Machen Sie Ihre Mitarbeiter groß, indem Sie sie fördern und verabschieden Sie sich von engmaschiger Kontrolle, die alle Beteiligten klein hält. Das sogenannte Mikromanagement hat in der modernen Arbeitswelt und dem Gedanken einer kooperativen Führung einen kontraproduktiven Effekt und würde eigenständiges Arbeiten im Keim ersticken.

MITARBEITER AUF DER ÜBERHOLSPUR

Leider haben besonders junge Führungskräfte oft Angst, durch Delegation ein Stück Anerkennung zu verlieren. Junge Führungskräfte neigen dazu, lieber zu viele Aufgaben selbst zu erledigen, um bei Ihrer eigenen Führungskraft zu punkten. Doch das Gegenteil ist der Fall. Die Angst vor Delegation ist schlicht das Fehlen von Delegationskompetenz. Führen Sie sich noch einmal Ihre eigenen Ängste vor Augen:

- Haben Sie Angst, Ihren Mitarbeitern nicht vertrauen zu können?
- Haben Sie Angst vor Kontrollverlust?
- Haben Sie Angst, dass das Ergebnis nicht perfekt werden könnte, wenn Sie es nicht selber machen?

Stellen Sie sich in diesem Fall einfach vor, Sie wären der Takt angebende erste Mann im Ruderboot. Sie selbst müssen kein Ruder in der Hand haben, aber Sie sind die ausschlaggebende Kraft mit der Richtungsweisung, die das Ruderteam über die Ziellinie führt.

Wenn Sie einmal über Ihren Schatten gesprungen sind und wichtige Aufgaben delegiert haben, werden Sie eventuell sogar feststellen, dass ein Mitarbeiter die gestellte Aufgabe schneller oder sogar besser gelöst hat, als Sie es selbst gekonnt hätten. Vermutlich wird es zunächst einen Zeitraum geben, in dem die Ergebnisse schlechter ausfallen, als wenn Sie sie selber erledigen würden. Behalten Sie aber immer im Hinterkopf, dass Delegation eine Investition in das eigenverantwortliche Arbeiten Ihrer Mitarbeiter ist. Sie werden eine steigende Tendenz der Qualität feststellen können, wenn nicht sogar von den Arbeitsergebnissen Ihrer Mitarbeiter überholt werden. Falls das passiert, sollten Sie das nicht als Angriff auf Ihre eigene Kompetenz sehen, sondern als Kompliment für Sie als Leader und für Ihr Team. Als Anhaltspunkt würde ich Ihnen raten, mindestens sechs von zehn Aufgaben zu delegieren. In diesem Rahmen fördern Sie Ihre Mitarbeiter und schaufeln sich selbst genug Freiraum für Ihre Manager-Tätigkeiten.

DELEGATION ERFORDERT STRUKTUR

Gehen wir nun davon aus, dass Sie in der Delegation von Aufgaben für sich die vielfältigen Vorteile entdeckt sowie begriffen haben und nun handeln möchten. Auf Ihrem Schreibtisch tummeln sich vielleicht vielfältige Aufgaben, von denen Sie nun entscheiden müssen, welche Sie selbst erledigen, wann Sie sie erledigen und wie wichtig jede einzelne ist.

Der ehemalige US-Präsident Dwight D. Eisenhower entwickelte für sein tägliches Geschäft die sogenannte „Eisenhower-Matrix", um seine Aufgaben besser zu organisieren, zu priorisieren und systematisch zu delegieren. Sie funktioniert wie folgt: Schauen Sie sich alle Aufgaben auf Ihrem Schreibtisch an und entscheiden Sie zunächst, welche Aufgaben wichtig sind und welche unwichtig sind. Welche Aufgaben sind eilig und welche sind nicht eilig? Wenn Sie diese Aufteilung vorgenommen haben, können Sie all Ihre Aufgaben in vier verschiedene Kategorien einteilen. Zeichnen Sie dafür ein Koordinatensystem mit vier Quadranten auf. Die Beschriftung der Achsen erfolgt mit den Antworten der gestellten Fragen: oben „eilig", unten „nicht eilig", links „wichtig", rechts „unwichtig".

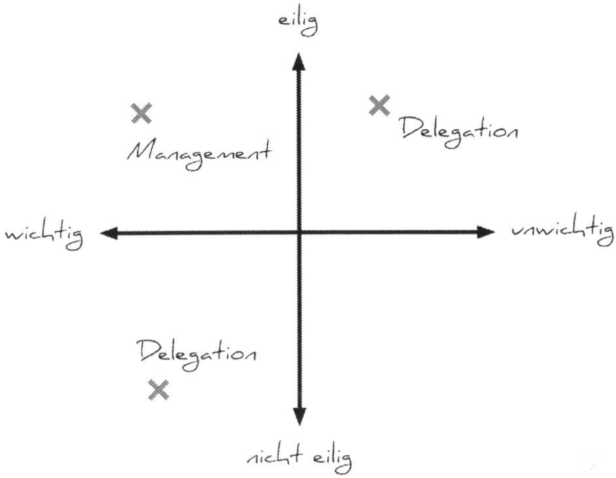

ABB. 7 Teilen Sie Ihre To-Dos systematisch ein und nutzen Sie die Eisenhower-Matrix als Delegations-Grundlage.

Schauen wir uns nun das Koordinatensystem genauer an. Im Optimalfall haben Sie alle Ihre Aufgaben den Quadranten zugeordnet. Der Quadrant rechts unten ist der wohl Unwichtigste. Diesen können Sie getrost beiseiteschieben. Die Aufgaben in diesem Quadranten können Sie irgendwann später erledigen, denn es handelt sich um die unwichtigen und nicht eiligen Aufgaben. Kommen wir nun zum Quadranten rechts oben. Dies ist der Quadrant mit allen unwichtigen, aber eiligen Aufgaben. Diese Aufgaben eignen sich hervorragend, um sie zu delegieren. Im Quadranten unten links sind die Aufgaben, die nicht eilig, aber wichtig sind. Sie erfordern Ihre Kompetenz als Führungskraft und Sie sollten sich diese Aufgaben auf Ihrer To-Do-Liste notieren. Da diese Aufgaben nicht eilig sind, können Sie sie im Laufe des Tages oder der Woche abarbeiten. Alternativ können Sie Spezialisten aus Ihrem Team beauftragen, die Sie bei der Umsetzung dieser Aufgaben unterstützen oder die Aufgabe sogar komplett übernehmen. Teilweise auch ein Fall für Delegation. Vertrauen Sie hier in die Expertise Ihrer Mitarbeiter. Die Aufgaben oben links sind alle wichtigen und eiligen Aufgaben. Hier sind Sie als Manager sofort gefragt, noch heute zu handeln. Tragen Sie sich diese Aufgaben als oberste Priorität in Ihre To-Do-Liste ein.

Bravo, Sie haben jetzt einen Überblick darüber, welche Aufgaben Sie selbst erledigen wollen, wann Sie diese erledigen wollen und welche Aufgaben Sie an Mitarbeiter delegieren möchten. Das sind gute Voraussetzungen und eine gute Planung ist bei Delegation nicht zu unterschätzen. Aber wie gehen Sie jetzt konkret bei der Delegation vor?

Hierfür ist es wichtig zu wissen, dass jeder Mitarbeiter individuell behandelt werden sollte und jedes Teammitglied eine eigene Reife besitzt. Fragen Sie sich, wie viel Sie dem Einzelnen zumuten können. Wie viel Eigenverantwortung er tragen kann. Um diese Fragen zu beantworten, müssen Sie Ihre Mitarbeiter gut kennen, vor allem ihre Stärken und Charaktereigenschaften. Als guter Leader sind Sie mehr als nur der Chef auf dem Papier. Sie führen Beziehungen zu Ihren Mitarbeitern, die Ihnen jetzt zugutekommen.

JEDER HAT SEIN EIGENES TEMPO

Kennen Sie das 5-Stufenmodell der Delegation? Schauen Sie sich die 5 Stufen genau an und überlegen Sie, welche Mitarbeiter aus Ihrem Team derzeit auf welcher Stufe der Delegation stehen.

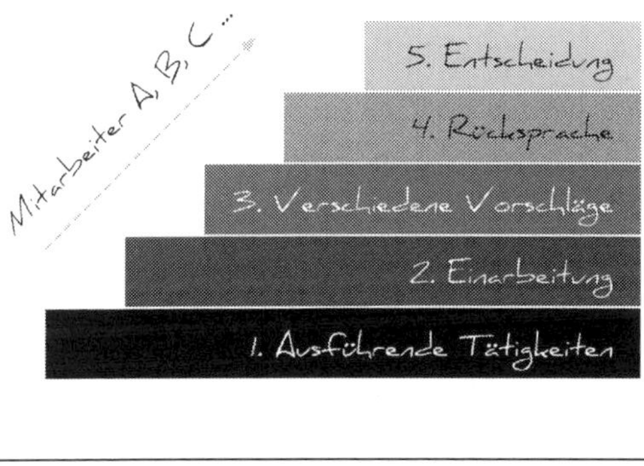

ABB. 8 Je höher die Delegationsstufe, desto freier der Mitarbeiter.

Stufe 1 „Ausführende Tätigkeiten"
Sie geben dem Mitarbeiter genau vor, was er für Sie erledigen soll. Sie haben bereits im Vorfeld Entscheidungen getroffen und wichtige Eckdaten recherchiert. Der Mitarbeiter ist auf dieser Stufe lediglich die ausführende Kraft.

Stufe 2 „Einarbeitung"
Der Mitarbeiter erhält mehr Freiheiten. Er darf sich selbst in das Thema einarbeiten und Ihnen die verschiedenen Umsetzungsmöglichkeiten vorstellen.

Stufe 3 „Verschiedene Vorschläge"
Der Mitarbeiter darf sich tief in das Thema und die Aufgabenstellung einarbeiten und Ihnen einen detaillierten Umsetzungsvorschlag machen. Die sollten abschließend die Entscheidung treffen, wie der Mitarbeiter vorgehen sollte.

Stufe 4 „Entscheidung mit Rücksprache"
Der Mitarbeiter darf selbst recherchieren, Umsetzungspläne entwickeln und detailliert entscheiden. Anschließend sollte er Ihnen das Zwischenergebnis vorstellen und begründen, warum er diesen Weg gewählt hat. Sie geben Ihr finales OK.

Stufe 5 „Entscheidung ohne Rücksprache"
Der Mitarbeiter führt das Projekt vollkommen eigenständig und trifft Entscheidungen, ohne nochmals mit

Ihnen Rücksprache zu halten. Die Basis für Stufe 5 ist ein sehr gutes Vertrauensverhältnis und eine hohe fachliche Expertise des Mitarbeiters.

Welchen Stufen können Sie Ihre Mitarbeiter zuordnen? Denken Sie in Ruhe darüber nach.

Eine Führungskraft, die gut delegieren kann, nimmt sich Zeit, um ihren Mitarbeitern die Aufgabe möglichst im Detail zu erläutern, Rückfragen zu beantworten und alle Ressourcen zur Verfügung zu stellen.

Beantworten Sie die typischen W-Fragen beim Briefing:

- Wer bekommt die Aufgabe?
- Warum, mit welchem Gesamtziel? Wofür ist die Teilaufgabe im gesamten System dienlich? Das ist vor allem für die Motivation wichtig. Niemand möchte nur ein Rädchen sein.
- Was für ein Ergebnis erwarte ich?
- Wann sollte das Ergebnis vorliegen?
- Bei Bedarf: Wo sollte der Mitarbeiter die Aufgabe erledigen? (Homeoffice möglich?)

Sie sehen Delegation nun hoffentlich als wertvolles Führungsinstrument. Es geht nicht darum, unliebsame Aufgaben an den nächsten weiterzugeben, sondern Mitarbeitern Vertrauen entgegenzubringen und sie mittelfristig zu selbstständig arbeitenden, motivierten und eigenverantwortlich agierenden Personen im Team zu machen.

Wie selbstständig arbeitet Ihr Team?

DIE KERNAUSSAGEN

1. **Vertrauen Sie Ihren Spezialisten.**
   Denn dafür haben Sie sie eingestellt.

2. **Konfrontieren Sie sich mit Ihren Ängsten.**
   Sind Sie bereit für eine Veränderung?

3. **Wechseln Sie die Perspektive vom Experten zur Führungskraft.**
   Mikromanagement hat in der modernen Führung nichts zu suchen.

4. **Genießen Sie das Gefühl, von Ihren Mitarbeitern überholt zu werden.**
   Das ist ein Kompliment an Sie als Leader.

5. **Gliedern Sie To-Dos für die Delegation.**
   Eine Matrix gibt Ihnen die nötige Übersicht und Sicherheit.

6. **Delegieren Sie individuell.** Lassen Sie jeden Mitarbeiter sein eigenes Tempo gehen.

PRAXIS

Denken Sie an Ihr Team. Überlegen Sie, welcher Mitarbeiter welche Fähigkeiten besitzt und wie eigenständig seine Arbeitsweise ist. Ordnen Sie jeden Mitarbeiter einer Delegationsstufe zu.

Sie haben nun wichtige Vorarbeit geleistet, wenn die dringenden To-Dos, die Sie delegieren möchten, auf Ihren Schreibtisch flattern.

7

VON EMPATHIE UND AUTHENTIZITÄT

„Das Gefühl kann viel feinfühliger sein als der Verstand scharfsinnig."

– Viktor Frankl

FRAGE 7:

„Zeigen Sie sich als Führungskraft empathisch und dabei authentisch?"

Wissenschaftler haben herausgefunden, dass es bis zu 20 Minuten dauern kann, bis sich ein Mitarbeiter von einer emotionalen Auseinandersetzung mit seiner Führungskraft erholt hat. Emotionen haben somit einen enormen Einfluss auf unser tägliches Tun und sind ebenso im Führungskreis von großer Bedeutung. So dürfen wir nie vergessen, dass wir alle Menschen sind, mit einem Privatleben, mit einer Geschichte, mit Gefühlen. Wer empathisch durch die Welt geht, besonders durch die Arbeitswelt, wird häufig Ziele einfacher erreichen, ein gutes Arbeitsklima schaffen und zufriedenere Mitarbeiter um sich herum haben.

Haben Sie schon einmal über Ihre empathischen Fähigkeiten nachgedacht?

Laut Definition ist Empathie die Fähigkeit bzw. die Bereitschaft, sich in andere Menschen einzufühlen, Gedanken sowie Motive hinter deren Handeln zu erkennen und zu verstehen. Wichtig dabei ist vor allen Dingen eine Herangehensweise ohne Vorurteile und ohne vorgefertigte Meinung. Übertragen wir dies auf die Arbeitswelt, heißt das, dass Sie als Führungskraft jeden neuen Mitarbeiter als unbeschriebenes Blatt sehen. Dass Sie jedem eine völlig neue Chance geben. Dabei steht zuallererst das aktive Zuhören im Fokus. Stellen Sie Fragen, werten Sie nicht und hören Sie ausschließlich zu. Lesen Sie auch zwischen den Zeilen, beobachten Sie die Körpersprache Ihres Gegenübers und achten Sie vor allem auf die kleinen Gesten, die im scheinbar Verborgenen passieren. Zeigen Sie Ihren Mitarbeitern ehrliches Verständnis, gehen Sie auf ihre Bedürfnisse ein und zeigen Sie sich menschlich. Aus wirtschaftsethischer Sicht sind die wahren Erfolgsfaktoren Verantwortung, Authentizität und Humanismus. Ein Arbeitsplatz, an dem die Ellbogen ausgefahren werden, ist längst nicht mehr der Raum, in dem sich Mitarbeiter entfalten können und wollen.

Empathisch zu sein, bedeutet nicht, „weichgespült" mit den Mitarbeitern umzugehen, sondern auf jeden individuell einzugehen, Potenziale zu entdecken und aufgabenorientiert umzusetzen, um das bestmögliche Ergebnis zu erreichen. Dazu gehört die Fähigkeit, Gedanken und Talente der Mitarbeiter zu abstrahieren und auf Ihr eigentliches Unternehmensziel zu projizieren. Die Entwicklung vom Arbeitgeber- zum Arbeitnehmermarkt trägt zusätzlich dazu bei, dass das Management umdenken muss und nicht nur Leistung von Mitarbeitern fordern, sondern ein emotionales Zuhause am Arbeitsplatz schaffen sollte. Empathie ist der Schlüssel dazu.

EMPATHIE ALS SCHLÜSSEL

Eins vorweg: Empathie und Mitgefühl sind zwei verschiedene Paar Schuhe. Empathie besagt, dass sich eine Person in die andere hineinversetzen kann. Im Unterschied dazu, wird durch Mitgefühl zusätzlich der Drang zum Handeln ausgelöst. Eine weitere Differenzierung bildet das sogenannte Mentalisieren. Hierbei handelt es sich um das kognitive Einfühlen. Es geht darum, sich vorzustellen, was ein anderer Mensch fühlen könnte, um genau darauf durch Handlungen Einfluss zu nehmen. Jede dieser drei Begrifflichkeiten ist wichtig, um die Vorteile von empathischer Führung zu verstehen.

Haben Sie z. B. schon einmal etwas von Selbstempathie gehört? Wir sollten uns ab und zu selbst fragen, wer wir sind, welche Werte wir in uns tragen und was wir wirklich wollen. Dadurch können wir uns in uns selbst einfühlen und unser eigenes Handeln besser verstehen. Falls Sie das noch nie gemacht haben, versuchen Sie es doch einmal in der nächsten Kaffeepause. Während Sie sonst vielleicht kurz Ihre WhatsApp-Nachrichten gecheckt oder aus dem Fenster geschaut haben, um die müden Augen zu entspannen, schließen Sie die Augen und fragen Sie sich für einen Moment, welche Gefühle Ihr Handeln heute beeinflusst haben.

Empathische Führung kann natürlich nur funktionieren, wenn sie von jeder Ebene des Managements gelebt und offensichtlich kommuniziert wird. Gehen Sie mit gutem Beispiel voran. Das ist der erste Schritt in Richtung Veränderung. Versuchen Sie auch einmal bei Ihren Kollegen nachzuhören, wie diese auf „Empathie" und „empathische Führung" reagieren. Lebt Ihr Unternehmen in jedem Bereich das Prinzip der Empathie oder gibt es hier und da noch Verbesserungspotenziale? Nicht ganz unwichtig: Empathie und Wertschätzung gehen in einem Unternehmen Hand in Hand. Ihre Mitarbeiter merken es, wenn Sie sich empathisch und individuell mit ihnen befassen und genau danach Aufgaben zuteilen. Bitte unterschätzen Sie nicht, wie positiv die Auswirkungen sein können, wenn Sie einem Mitarbeiter das Gefühl geben, dass er Teil des großen Ganzen ist und individuell dazu beiträgt.

Es kann sein, dass Sie nun feststellen, dass Sie Empathie bisher noch nicht genügend Raum in Ihrem Führungsstil eingeräumt haben. Das ist kein Problem. Empathische Führung kann man lernen. Fangen Sie im ganz Kleinen an und beobachten Sie in Ihrem nächsten Teammeeting oder Gespräch mit einem Mitarbeiter seine Hände, seine Augen, fragen ihn in der nächsten Mittagspause einmal nach seinen Wochenendplänen. Setzen Sie ihn dabei nicht unter Druck und geben Sie selbst einen kleinen emotionalen Anteil Ihrer Gedanken preis. So erschaffen Sie eine vertrauensvolle und gut funktionierende Beziehung und lernen immer mehr Aspekte der intrinsischen Motivation Ihrer Mitarbeiter oder vielleicht auch Ihrer Partner, Auftraggeber und Stakeholder kennen. Genau das ist das Ziel.

EMOTIONALE INTELLIGENZ NUTZEN

Bringen wir nun den Faktor emotionale Intelligenz ins Spiel. David Caruso sagte: „Es ist sehr wichtig zu verstehen, dass emotionale Intelligenz nicht das Gegenteil von Intelligenz ist, es ist nicht der Triumph des Herzens über den Kopf – es ist der einzigartige Schnittpunkt dieser Bereiche“. Diese Aussage zeigt einmal mehr, wie wichtig es auch als Führungskraft ist, nicht nur als Manager, sondern auch als Mensch mit Herz dabei zu sein. Wer Emotionen zulässt und empathisch handelt, erhält am Ende bessere Ergebnisse und leistungsfähigere Teams. So geht aus dem TalentSmart-Bericht hervor, dass der wichtigste Leistungsindikator in der Führungsposition emotionale Intelligenz ist. Sie ist laut Bericht für 58% des Erfolgs verantwortlich. Des Weiteren besagt der Bericht, dass emotional intelligente Menschen produktiver sind, mehr Erfolg haben und unterm Strich die besseren Führungskräfte abgeben.

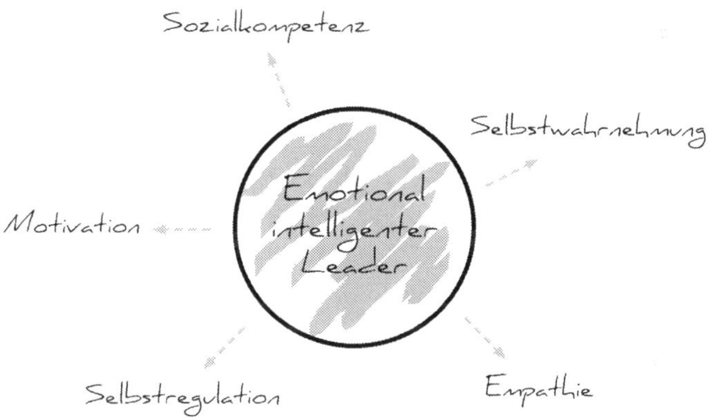

ABB. 9 Die 5 Merkmale eines emotional intelligenten Leaders

Wenn Sie die folgenden fünf Punkte beherzigen, können Sie Ihre eigene emotionale Intelligenz ausweiten. Der Kern von emotionaler Intelligenz ist Selbstwahrnehmung, also sich seiner selbst bewusst zu sein und die eigenen Fehler zu erkennen. Daneben steht die Empathie, die es Ihnen ermöglicht, Situation besser einschätzen zu können und mitzufühlen. Werden Sie dabei nicht zu emotional – Regulieren Sie sich selbst und kennen Sie Ihre eigenen Grenzen sowie Ziele. Die Motivation hinter Ihrem Handeln stärkt ebenso ihre emotionale Intelligenz. Zu guter Letzt gehört eine gute Portion Sozialkompetenz zu den Eigenschaften eines emotional intelligenten Leaders. Gehen Sie auf Ihre Mitarbeiter zu und geben Ihnen immer wieder die Gelegenheit, in lockerer informeller Runde über Persönliches zu sprechen. Beteiligen Sie sich an diesen Gesprächen.

Manager, die fachlich auf ihrem Gebiet Hochleistungen bringen, aber ihren Mitarbeitern nicht zuhören, nichts von sich selbst preisgeben und nicht hier und da das persönliche Gespräch über private Dinge mit ihren Mitarbeitern suchen, sind in der modernen Arbeitswelt leider auf verlorenem Posten. Oft erkennen Führungskräfte viel zu spät, dass sie mit ihrem Team nicht connecten und auch die fachlichen Ergebnisse darunter leiden. Versetzen Sie sich doch einmal in die Lage jedes einzelnen Mitarbeiters: Für den einen ist die Sonderzahlung am Ende des Jahres ein riesiger Gewinn, weil er sich gerade mit seiner Familie ein Haus bauen möchte. Für den anderen, z. B. eine alleinerziehende Mutter, wäre die Einführung eines Gleitzeitsystems vielleicht ein weitaus besserer Bonus. Genau diese private Motivation hinter der Freude Ihrer Mitarbeiter erkennen Sie nur, wenn Sie empathisch und emotional intelligent mit Ihren Mitarbeitern Tag für Tag umgehen.

Eine weitere wunderbare Möglichkeit, mehr über die Werte Ihrer Teammitglieder herauszufinden, sind sogenannte „Wertegespräche". Ein solches ist nicht immer leicht aus dem Stehgreif zu führen. Könnten Sie denn spontan Ihre persönlichen Werte aufzählen und erklären, warum Sie in welcher Situation wie handeln? Nur 3% aller Menschen können das. Wenn man sich aber einmal seiner Werte bewusst geworden ist, fällt es viel leichter, darüber zu sprechen. Wer sich seiner persönlichen Werte bewusst ist, kann authentisch führen, sprechen und handeln.

AUTHENTIZITÄT LEBEN

Womit wir auch beim letzten Ankerpunkt angekommen wären – Authentizität. Leider ist dieser Begriff fast schon zu einem Buzzword geworden und durch die sozialen Medien etwas verfälscht worden. Was bedeutet Authentizität denn im eigentlichen Sinne? Authentisch zu handeln, heißt im Grunde nicht mehr, als dass das Sprechen und das Tun eines Menschen übereinstimmen. Menschen, die ihre Werte kennen und ein gewisses Maß an Selbsterkenntnis erlangt haben, sind in der

Lage, ihre Werte genauso zu kommunizieren, Persönliches von sich preiszugeben sowie ihre Sprache und ihren Körper in Einklang zu bringen. Das Umfeld nimmt diese Menschen als authentisch wahr.

Ihre Mitarbeiter merken es, wenn Sie gegen Ihre eigenen Moralvorstellungen oder Werte handeln. Wenn Sie eine positive Botschaft verkünden, aber innerlich nicht davon überzeugt sind. Wenn Sie vorgeben, interessiert zu sein und aktiv zuhören zu wollen, Ihr Körper aber dabei eine andere Sprache spricht.

Wenn Sie es schaffen, authentisch aufzutreten, wird auf Sie eine höhere Mitarbeitermotivation, mehr Commitment zu Ihrem Unternehmen und ein größeres Engagement im Team warten. Sie gehen als positives Beispiel voran. Wenn Sie authentisch handeln, lernen auch Ihre Mitarbeiter in sich selbst hinein zu hören, ihre eigenen Werte zu vertreten und im Einklang mit ihrem Inneren zu handeln.

Was ist Ihr wahres Ich? Zeigen Sie es. Sie sind der Leader. Geben Sie Ihren Mitarbeitern die Chance, Ihnen auch als Mensch zu folgen.

DIE KERNAUSSAGEN

1. **Der erste Schritt zur Empathie ist aktives Zuhören.** Geben Sie jedem Mitarbeiter die Chance zu Wort zu kommen.

2. **Abstrahieren Sie die Werte und Gedanken Ihrer Mitarbeiter.** So setzen Sie intrinsische Motivation in aufgabenorientierte Arbeit um.

3. **Seien Sie sich Ihrer eigenen Werte bewusst.** Führen Sie Wertegespräche, um auch die der anderen kennenzulernen.

4. **Nutzen Sie Ihre emotionale Intelligenz.** Bauen Sie eine Connection zu Ihrem Team auf.

5. **Handeln Sie authentisch.** Achten Sie darauf, dass Ihr Sprechen und Ihr Tun stets miteinander im Einklang sind.

PRAXIS

Definieren Sie in einer ruhigen Minute Ihre drei persönlichen Werte, die Ihnen am wichtigsten sind. Erarbeiten Sie anschließend einen Gesprächsleitfaden für ein „Wertegespräch" mit Ihren Mitarbeitern.

Sie können dieses Gespräch z. B. in das Jahresendgespräch miteinbeziehen oder aber auch einen eigenen Gesprächstermin dafür ansetzen. Nehmen Sie Ihren Mitarbeitern die Angst vor dem Unbekannten und erklären Sie kurz, wie sie sich darauf vorbereiten können.

8

DIE MOTIVATIONS-FRAGE

„Chef ist nicht der, der etwas tut, sondern der das Verlangen weckt, etwas zu tun."

– Edgard Pisani

FRAGE 8:

„Leben Sie das Prinzip der Eigenmotivation und geben Sie es an Ihr Team weiter?"

Die Planbarkeit in der heutigen Arbeitswelt sinkt. Unsere Welt ist immer mehr geprägt von vier Faktoren: Wir leben in der sogenannten VUCA-Welt. VUCA steht für Volatility, Uncertainty, Complexity und Ambiguity. Also die der Schwankungen, Ungewissheit, Komplexität und Mehrdeutigkeit. Der Markt und damit auch seine Bedürfnisse verändern sich so schnell, dass Unternehmen andere Anforderungen an ihre Mitarbeiter entwickeln: In dieser sich rasch wandelnden Welt müssen Mitarbeiter immer eigenständiger handeln, sich stets weiterentwickeln und Eigeninitiative zeigen. Dazu

gehört eine große Portion Eigenmotivation, die von den Mitarbeitern an den Tag gelegt werden sollte.
Wie schaffen Sie es als Führungskraft, diese Eigenmotivation in Ihren Mitarbeitern zu wecken, bzw. von Anfang an Mitarbeiter zu wählen, die intrinsisch motiviert sind, in der heutigen Arbeitswelt zu bestehen und Veränderungen sogar mitzugestalten?

MONETÄRE ANREIZE VERLIEREN

Extrinsische Motivation ist nur von kurzer Dauer. Das haben bereits zahlreiche Forschungsergebnisse belegt. Äußere Anreize, wie beispielsweise Boni oder Prämien führen selten dazu, dass Mitarbeiter Eigeninitiative entwickeln. Ganz im Gegenteil – extrinsische Anreize können sogar zu einem sogenannten Plateau-Effekt führen.

Ein Beispiel: Einer Ihrer Mitarbeiter erhält als Prämie am Ende des Jahres für seine geleistete Arbeit 2000 €. Im darauffolgenden Jahr erhält der gleiche Mitarbeiter nur 1500 € aufgrund von Einsparungen oder weniger erfolgreich erreichten Zielen. Dieser Mitarbeiter wird im zweiten Jahr das Gefühl haben, dass sich sein Standard-Gehalt um 500 € reduziert hat. Er wird nicht sehen, dass die 1500 € ein zusätzliches Einkommen darstellen.

Sie befinden sich als Führungskraft somit in einem Teufelskreis. Einmal mit der Prämie begonnen, wird jede Senkung höchstwahrscheinlich als Verlust wahrgenommen. Geld ist somit nicht immer der beste Motivationsanreiz.

Der Verhaltensökonom Dan Ariely hat zu diesem Thema ein interessantes Experiment gestartet. Die genauen Ergebnisse sind in seinem Buch „Payoff: The Hidden Logic That Shapes Our Motivations" nachzulesen. Ariely wollte die Produktivität seiner Mitarbeiter messen, indem er sie zu Wochenanfang mit folgenden externen Anreizen motivierte: Er teilte sein Team in vier Gruppen auf. Die erste Gruppe sollte ihre Motivation daraus ziehen, dass sie nach guter Arbeit ein persönliches Lob von ihrem Vorgesetzten bekämen. Der zweiten Gruppe versprach er einen monetären Anreiz. Hierbei handelte es sich um ca. 30 Dollar extra pro Tag. Die dritte Gruppe durfte sich bei erreichten Zielen über Pizza-Gutscheine freuen. Die vierte und letzte Gruppe musste sich ohne externe Anreize zufriedengeben.

Haben Sie bereits eine Vermutung, welche der Gruppen die höchste Motivation und die beste Produktivität an den Tag legte? Das Ergebnis überraschte auf jeden Fall. Die geringste Leistungssteigerung zeigte die zweite Gruppe, der ein monetärer Anreiz von 30 Dollar extra in Aussicht gestellt wurde. Ihre Motivation steigerte sich nur um 4,9%. Laut der Forschungsergebnisse war diese

Gruppe sogar weniger produktiv als vorher. Das Lob des Chefs ließ in der ersten Gruppe die Leistung um 6,6% wachsen. Der Spitzenreiter jedoch war überraschenderweise die dritte Gruppe, der die Pizza-Gutscheine versprochen wurden. Ihre Leistung wuchs um 6,7%. Es ist also nachgewiesenermaßen nicht immer die Höhe der Prämie, die zu einem Motivationsschub führt, sondern die sympathischste Alternative. Haben Sie schon einmal über eine Runde Pizza für das gesamte Team nachgedacht?

„Good Job!"	+30$	Pizza	X
+6,6%	+4,9%	+6,7%	

ABB. 10 Überraschendes Ergebnis bei einem Produktivitätsexperiment mit externen Motivationsquellen.

HYGIENEFAKTOREN UND ARBEITSBEDINGUNGEN

Wenn nicht der externe Anreiz entscheidet, wie groß die Motivation Ihrer Mitarbeiter ist, was ist es dann? Fest steht, dass Sie als Führungskraft Ihre Mitarbeiter nicht wie Marionetten steuern können. Sie können nur die Bedingungen gestalten, unter denen Ihre Mitarbeiter arbeiten und sich wohlfühlen. Geben Sie ihnen das Gefühl, dass alle gemeinsam an einem großen Ganzen arbeiten. Das motiviert ungemein. Natürlich spielen Hygienefaktoren, wie beispielsweise das Gehalt, Ihr Führungsstil und die Arbeitsatmosphäre eine gewisse Rolle. Sie könnten z. B. regelmäßige Teamevents oder ein Montags-Frühstück zur Stärkung der Gemeinschaft einführen.

Gibt es in Ihrer Büroküche eigentlich einen Korb mit frischem Obst oder Müsliriegel? All diese kleinen aber feinen Benefits werden in Startups gelebt. Es mag für Sie „nur" ein Obstkorb sein. Für Ihre Mitarbeiter ist es ein Stück Anerkennung, Komfort und vielleicht sogar Grundvoraussetzung für eine angenehme Arbeitsatmosphäre. Sind diese Grundbestandteile nicht erfüllt, stellt sich schnell eine allgemeine Unzufriedenheit ein. Sorgen Sie also dafür, dass die Basis für die Eigenmotivation Ihrer Mitarbeiter, nämlich die Hygienefaktoren, felsenfest in der Brandung steht. Darüber hinaus sollten

Sie Motivatoren, wie beispielsweise Lob und Anerkennung, sowie Übertragung von Verantwortung immer einfließen lassen. Denn Sie als Führungskraft und Ihre Mitarbeiter haben etwas gemeinsam: Jeder Mensch möchte Wertschätzung erfahren. Das trägt zur Stärkung unseres Selbstwertgefühls bei. Je größer die Anerkennung für unsere Arbeit ist, desto größer ist unser Selbstwertgefühl. Daraus resultiert eine gewisse Grundmotivation.

Ihre Aufgabe als Manager ist es außerdem, sowohl die Über- als auch die Unterforderung Ihrer Mitarbeiter zu vermeiden. Es braucht ein wenig Fingerspitzengefühl, einen Entwicklungskorridor für jeden Einzelnen zu schaffen, in dem er sich bewegen kann. In diesem Korridor, der weder von Über- noch von Unterforderung geprägt ist, können Ihre Mitarbeiter wachsen und sich weiterentwickeln. Das richtige Maß an Förderung motiviert.

INTRINSISCHE MOTIVATION ALS OPTIMUM

Was ist aber der stärkste Motivator für Mitarbeiter? Einer, der von innen kommt. Einer, der ganz natürlich seinen Platz findet und niemals hinterfragt wird ... Viktor Frankl, Gründer der Existenzanalyse und Schüler von Freud, stellte dazu eine interessante These in den

Raum. Er beschäftigte sich mit der Idee der „sinnzentrierten Motivation". Frankl sagt: „Das Erleben von Sinn ist die stärkste Motivation für einen Menschen".

Sie haben sicherlich auch schon einmal einen Menschen erlebt, der von ungeheurer innerer Motivation getrieben war. Die Bedingungen, also die Hygienefaktoren, in denen er sich bewegte, waren vielleicht unkomfortabel, seine Grundbedürfnisse kaum gestillt. Und doch hat beispielsweise ein Mitarbeiter auf dem Bau, trotz Regen und Kälte eine nicht enden wollende Energie und Motivation. Dieser Mitarbeiter verspürt einen Sinn in seiner Arbeit. Er baut ein Haus, ein Dach über dem Kopf für eine Familie. Er handelt aus tiefster Überzeugung und ist damit überdurchschnittlich produktiv. Daran könnte vermutlich auch ein Bonus oder eine Pizza nicht viel ändern. Es handelt sich um intrinsische Motivation.

Stellen Sie sich einmal folgende Fragen: Kennen Sie die inneren Handlungsmotive Ihrer Mitarbeiter? Kennen Sie Ihre eigenen inneren Motive? Wenn nicht, ist es höchste Zeit, mit sich selbst und mit Ihrem Team ins Gespräch zu kommen. Denn nur wer fragt und sich Zeit nimmt, wird die wahren Motivationshintergründe seiner Angestellten kennen. Wenn Sie die individuelle Motivation jedes Einzelnen kennen, können Sie auch individuell passende Aufgaben zuteilen. Daraus wiederum entsteht ein doppelter Effekt: Ihre Mitarbeiter werden produktiver UND motivieren sich selbst. Verabschieden Sie sich von dem Gedanken, dass Motivation immer von außen kommen muss. Ein motivationaler Führungsstil schaut tief in die Motivstruktur seiner Mitarbeiter und weckt damit die Eigenmotivation. Das Optimum in der heutigen Arbeitswelt.

DIE GENERATION Y AUF DER SUCHE NACH DEM GROSSEN SINN

Halten wir also fest: Sie sollten Ihre Mitarbeiter besser kennenlernen. Nicht selten gehen alteingesessene, hochqualifizierte Experten selbstbewusst durch die Arbeitswelt. Sie haben auf dem Arbeitnehmermarkt allen Grund dazu. Sie sind im Optimalfall bereits Selbstentwickler und Selbstmotivatoren. Sie als Führungskraft müssen das nur noch erkennen und hier und da unterstützen. Junge Arbeitskräfte, die zu immer größeren Teilen der Generation Y angehören, sind noch stärker von dem Wunsch geprägt, einen Sinn in ihrer Arbeit zu finden. Hauptgründe eine Stelle anzunehmen, sind nicht länger Gehalt oder Karrierechancen, sondern ein Wohlfühlklima und sinnstiftende Tätigkeiten. Wie können Sie also speziell die Generation Y dazu motivieren, sich selbst zu motivieren?

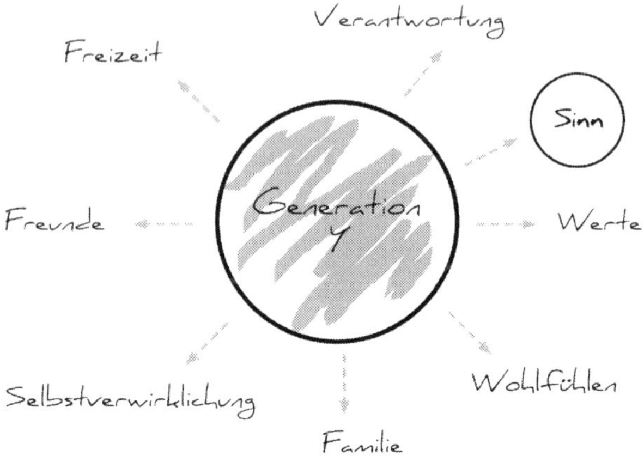

ABB. 11 Die Wünsche der Generation Y

Bitte vergessen Sie nicht, dass wir uns in einem kulturellen Umbruch befinden. Vermutlich sogar im größten der letzten 100 Jahre. Junge Arbeitnehmer verfolgen längst nicht mehr das Lebensmodell, in einem Unternehmen für die kommenden 30 Jahre tätig zu sein. Wünsche und Träume sollen für diese Generation mit dem Arbeitsalltag SOFORT in Einklang gebracht werden. Die eigene Persönlichkeit steht an erster Stelle und nur flexible Arbeitgeber motivieren zu bleiben. Die junge Generation fragt sich beispielsweise, warum sie acht Stunden in einem Büro sitzen sollte, wenn sie das qualitativ beste Ergebnis bereits nach fünf Stunden erreicht hat. Neue Ansichten, neue Motive.

Mit einem monetären Bonus brauchen Sie bei der jungen Generation vermutlich gar nicht erst anzuklopfen. Ein visionäres Beispiel für moderne Mitarbeitermotivation liefert der Geschäftsführer Richard Branson. In seinem Unternehmen lautet die einzige Anforderung an seine Mitarbeiter, dass Ergebnisse pünktlich und qualitativ hochwertig geliefert werden müssen. Branson schafft feste Arbeitszeiten ab und ermöglicht seinen Mitarbeitern eine unbegrenzte Anzahl an Urlaubstagen zu nehmen. Immer mit der Prämisse, dass die Ergebnisse stimmen. Den Weg dorthin kann jeder selbst gestalten. Für die Motivation seiner Mitarbeiter bedeutet das den entscheidenden Durchbruch.

Die Generation Y mag Ihnen unter Umständen suspekt vorkommen. Eine Generation, die forsch und selbstbewusst Arbeitsbedingungen einfordert, statt dankbar Arbeitsplätze entgegenzunehmen. Fakt ist, dass mehr hinter der neuen Generation der Arbeitnehmer von morgen steckt.

Lassen Sie es als Führungskraft zu, sich auf neue Wege und Motivationen einzulassen. Die Entwicklung wird kommen. Ob Sie es wollen oder nicht. Stellen Sie sich nicht quer, sondern antizipieren Sie zukünftige Arbeitsmarkttrends und trauen Sie sich, neue Wege zu gehen.

Wie motiviert sind Sie und Ihr Team?

DIE KERNAUSSAGEN

1. **Vergessen Sie monetäre Anreize als Motivationstreiber.** Wahre Motivation kommt von innen.

2. **Schaffen Sie gute Arbeitsbedingungen.** Erfüllen Sie die Hygienefaktoren, die in der heutigen Arbeitswelt als Standard gefordert werden.

3. **Lernen Sie die Handlungsmotive Ihrer Mitarbeiter kennen.** Gehen Sie dafür mit jedem Einzelnen ins Gespräch.

4. **Stellen Sie sich auf eine neue Generation von Arbeitnehmern und neue Motive ein.** Die Generation Y wird schon bald den Großteil der Arbeitnehmer einnehmen und sucht vor allem bei der Arbeit nach sinnstiftenden Tätigkeiten.

PRAXIS

Gehen Sie in der nächsten Mittagspause auf einen Mitarbeiter zu und fragen ihn ehrlich und ernsthaft nach seinem Befinden.

Fallen Sie nicht mit der Tür ins Haus. Versuchen Sie in diesem Gespräch einen Motivationstreiber Ihres Mitarbeiters herauszuhören und notieren Sie diesen nach dem Gespräch. Die Mittagspause soll schließlich nicht zum Verhör werden. Fingerspitzengefühl ist jetzt gefragt.

9

DAS GEBOT DER WERTSCHÄTZUNG

„Wertschätzung ist eine dauerhaft spürbare Haltung, mit der Sie anderen Menschen Respekt und Anerkennung entgegenbringen."

– Raab Verlag

FRAGE 9:

„Finden Wertschätzung, Lob und Anerkennung ihren Platz in Ihrem Führungsverhalten?"

Jeder von uns wünscht sich Anerkennung. Das liegt in der Natur des Menschen. Aber warum wünschen wir sie uns so sehr? Ganz einfach: weil wir sie nicht selbst erschaffen können. Anerkennung können wir nur von anderen erfahren. Wer in den Geschmack von Anerkennung kommt, schüttet einen wahren positiven Hormoncocktail aus. Darunter Dopamin, Opiate und Oxytocin. Wir fühlen uns gut, fast berauscht. Jeder Mensch strebt nach Anerkennung.

In der heutigen Arbcitswelt wird viel kritisiert, hier verbessert, da optimiert und Anerkennung findet oft nicht ihren angemessenen Raum. Das bestätigt auch die Umfrage das Jobportals StepStone. Laut der Ergebnisse dieser Umfrage fühlen sich mehr als die Hälfte der befragten Arbeitnehmer zu wenig anerkannt. Außerdem sagen 42% der Umfrageteilnehmer, dass sie sehr selten Lob erhalten. Wie kann das sein, wenn dagegen 81% der Fach- und Führungskräfte in der Befragung angaben, das Gefühl zu haben, sehr oft zu loben? Entweder kommt das Lob bei den Arbeitnehmern nicht an oder Führungskräfte loben zu wenig und haben nur das Gefühl, wirkungsvoll Lob auszusprechen.

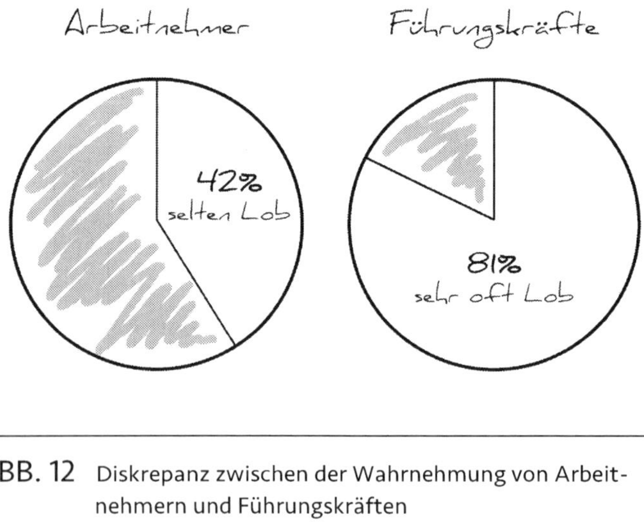

ABB. 12 Diskrepanz zwischen der Wahrnehmung von Arbeitnehmern und Führungskräften

Auch sie als Führungskraft benötigen die Wertschätzung und Anerkennung ihres Umfelds. Auch das kam in der Studie deutlich hervor. Die befragten Fach- und Führungskräfte gaben an, selbst das Gefühl zu haben, von ihrem direkten Vorgesetzten zu wenig anerkannt zu werden. Dies scheint also ein generelles Problem der modernen Arbeitswelt zu sein. Fakt ist, dass wir uns alle, egal ob Mitarbeiter oder Leader, nach Anerkennung sehnen. Wir sind soziale Wesen und Anerkennung fördert das Gemeinschaftsgefühl. Wer sich in der Gemeinschaft willkommen fühlt, arbeitet motivierter, um seine Teammitglieder nicht zu enttäuschen und zu unterstützen. Und wer motiviert arbeitet, wird bessere Ergebnisse erzielen, was wiederum zu weiterer Anerkennung führt. Sie sehen: Anerkennung lässt einen positiven Kreislauf der Produktivität und weiterer Anerkennung entstehen.

AN ERSTER STELLE STEHT DIE SELBSTREFLEXION

Stillen Sie als Führungskraft das Bedürfnis Ihrer Mitarbeiter? Zeigen Sie Ihre Anerkennung? Loben Sie regelmäßig? Wobei sich die Frage stellt, wo eigentlich der genaue Unterschied zwischen Lob und Anerkennung ist. Gibt es auch ein zu viel davon?

Differenzieren wir Lob von Anerkennung, stellen wir fest, dass Anerkennung eine allgemeine Grundhaltung darstellt, die sich auf das gesamte Erleben des Arbeitsalltags bezieht. Erkennen Sie einen Ihrer Mitarbeiter an, respektieren Sie ihn und sind grundsätzlich zufrieden mit seiner Leistung. Lob hingegen bezieht sich auf eine spezielle Situation bzw. eine konkrete Leistung, die spontan wertgeschätzt wird.

Lob hängt aber eng mit Anerkennung zusammen. Ihre Mitarbeiter merken, wenn Sie nur loben, aber keine Anerkennung dahinter steht. Leere Worthülsen, wie „Gut gemacht!", die unkonkret formuliert sind, wirken eher kontraproduktiv.

Wie macht man es denn nun richtig? Verhalten Sie sich als Leader Ihrem Team gegenüber so, wie Sie auch selbst behandelt werden wollen würden. Bedenken Sie dabei, dass Sie eine Vorbildfunktion für Kollegen und Mitarbeiter haben und die Arbeitskultur mit Ihrem Verhalten prägen. Eine wertschätzende Grundstimmung legt den Grundstein für Anerkennung und Lob. Der motivatorische Führungsstil bildet eine hervorragende Basis für anerkennendes Führungsverhalten.

Die Übertragung von Verantwortung und das Miteinbeziehen in wichtige Entscheidungen gibt Ihren Mitarbeitern von vornherein das Gefühl, dass Sie ihre Leistung anerkennen und wertschätzen. Ein unter vier Augen ausgesprochenes Lob und ein wenig Zeit, die Sie in ein persönliches Gespräch mit Ihren Mitarbeitern investieren, fördert zusätzlich und punktiert die Anerkennung im Team.

ANERKENNUNG IM TEAM

Natürlich läuft nicht immer alles rund. Ihre Mitarbeiter sind nur Menschen und jeder hat auch mal ein Motivationstief. Anerkennung bedeutet, auch die Gesamtleistung eines Menschen zu sehen und nicht sich auf einmaligen Fehlern zu fokussieren oder gar noch Druck zu erzeugen. Konzentrieren Sie sich in schlechten Phasen auf zurückliegende Erfolge und finden Sie aufbauende Worte. Steuern Sie gegen eine sich breit machende Frustration und seien Sie überrascht, wie positiv ein paar anerkennende Worte in einer Krisensituation wirken können. Andersherum gesagt: Je länger ein Mitarbeiter auf eine Form der Anerkennung warten muss, desto größer wird seine Frustration werden.

Er wird leider das Gefühl bekommen, nicht genug zu leisten, um wertgeschätzt zu werden und somit seine Leistung auf das Minimum reduzieren. Das Gefühl, das er am Ende hat, nämlich keines der Anerkennung, ist so oder so das gleiche. Seien Sie auf der Hut. Solch frustrierte Mitarbeiter nehmen schnell und gerne eine Vorreiterfunktion ein und lassen das gesamte Team ihre negative Stimmung spüren.

Und wie zeigt man Anerkennung für das gesamte Team? Natürlich können hier und da materielle Anreize kombiniert mit teambildenden Maßnahmen unterstützend wirken. Belohnen kann man auch in der Gemeinschaft. Ihr Team hatte z. B. einen wichtigen Abgabetermin am Vormittag und nun schauen Sie nach getaner Arbeit zehn hungrige Augen an? Laden Sie das gesamte Team doch einmal zum gemeinsamen Business-Lunch ein und verlassen Sie dafür vielleicht sogar das Büro. Ein Umgebungswechsel wird allen Beteiligten gut tun und kann die Atmosphäre für private Gespräche schaffen.

Vor dem Pitch haben Ihre Mitarbeiter vielleicht außerdem täglich Überstunden gemacht? Dann schicken Sie diese doch am kommenden Freitag mal zwei Stunden früher in den Feierabend. Für Sie sind es „nur zwei Stunden". Für Ihre Mitarbeiter ist es die Anerkennung vieler anstrengender Arbeitstage.

Die wohl netteste und charmanteste Gelegenheit im Team Wertschätzung und Anerkennung zu stiften, ist das Schreiben von sogenannten Kudo-Karten. Der Begriff „Kudo" kommt aus dem Griechischen und bedeutet so viel wie „Ruhm und Ehre". Mit Kudo-Karten kann man einem Kollegen, einem Vorgesetzten oder dem ganzen Team „Danke" sagen und seine persönliche Anerkennung zeigen, indem man ihm eine solche Karte übergibt. Dies ist eine bekannte Scrum-Methode und hat sich in vielerlei Hinsicht bewährt. Man kann die Kudo-Karte persönlich oder unter vier Augen übergeben. Ich persönlich habe die Erfahrung gemacht, wie teamfördernd es ist, wenn eine sogenannte Kudo-Box in einem Gemeinschaftsraum aufgestellt wird und Karten dort fast beiläufig im Tagesgeschäft eingeworfen werden. Sie als Führungskraft entscheiden, dass bspw. einmal im Monat – auf jeden Fall in regelmäßigen Abständen – die Kudo-Karten im Team vorgelesen werden. Ob der Absender anonym bleiben möchte oder seinen Namen preisgibt, ist ihm überlassen. Das Lob wird aber auf jeden Fall namentlich ausgesprochen und die Karte kann der „Geehrte" natürlich behalten.

Was glauben Sie, wie motivierend es wirkt, wenn man an einem schlechten Tag in seine Kudo-Karten-Sammlung schauen kann und feststellt, welch große Anerkennung und Wertschätzung man von seinen Kollegen in den vergangenen Tagen erhalten hat?

PFLICHT UND KÜR

Nun ist es an der Zeit, Ihre persönlichen Gewohnheiten zu überprüfen. Wie viel Zeit nehmen Sie sich, um Lob auszusprechen? Wie viel Zeit nimmt hingegen Ihre Kritikbereitschaft ein? Halten sich Lob und Kritik die Waage? Sie werden diesbezüglich eine bestimmte Selbstwahrnehmung haben. Wie wir aus der Umfrage von StepStone erfahren haben, können Selbst- und Fremdwahrnehmung aber in manchen Fällen weit auseinanderliegen. Die Fremdwahrnehmung erhalten Sie von Ihren Mitarbeitern. Fragen Sie sie einfach danach. Gehen Sie offen auf Ihre Mitarbeiter zu und setzen Sie eine, wenn erwünscht, anonyme Umfrage auf. Wie empfinden Ihre Mitarbeiter Ihre Lob- und Kritik-Bereitschaft? Deckt sich Ihr Selbstbild mit dem Fremdbild?

ABB. 13 Wenn Selbstbild und Fremdbild weit auseinander gehen, sollten Sie der Sache auf den Grund gehen.

Sollte sich eine Diskrepanz zwischen Selbst- und Fremdbild ergeben, überlegen Sie, woran das liegen könnte und hören Sie Ihren Mitarbeitern ganz genau zu. Seien Sie bereit, Kritik umzusetzen. Anhaltspunkte für Verbesserungen könnten sein: Sprechen Sie Lob zeitnah, persönlich und konstant aus. Passen Sie den Umfang des Lobes an die Begebenheiten an. Loben und kritisieren Sie konsequent. Denn es ist auch ein wenig Vorsicht geboten: Wenn Sie in den Verdacht geraten, „Lieblingsmitarbeiter" zu haben, würde das einen Schein der Willkürlichkeit auf Sie werfen – was wiederum an der persönlichen Wertschätzung jedes Einzelnen kratzt.

Greifen wir einen Vergleich aus dem Sport auf. Im Eislauf gibt es die Pflicht und die Kür. Viele Führungskräfte sind so damit beschäftigt, die Kür zu erfüllen, dass Sie die Pflicht vollkommen vergessen. Sie versuchen, der beste Chef, die erfolgreichste Führungskraft oder der visionärste Leader zu sein und vergessen dabei vollkommen die Basics. Nämlich die Pflicht, in unserem Fall die Wertschätzung.

Wertschätzung sollte ganz selbstverständlich da sein, sodass sie eigentlich niemand hinterfragt. Im Optimalfall würde sie nur auffallen, wenn sie fehlt. Ganz so wie warmes Wasser. Denn wenn Sie duschen möchten und nur eiskaltes Wasser aus dem Hahn kommt, wird auch kein Wellness-Shampoo und kein weiches Handtuch Ihr

Unwohlsein unter der Dusche mindern. Ganz so verhält es sich mit Büros, in denen Wertschätzung fehlt, aber Obstkörbe und ein Gaming-Paradies zur Verfügung stehen. Die Kür ersetzt nicht die Pflicht.

WERTSCHÄTZUNG DURCH EMPATHIE

Was nützt Ihren Mitarbeitern der Obstkorb, wenn Sie als Führungskraft nicht deren Hintergründe, Wünsche, Motive oder gar ihre Namen kennen? Oft fängt Wertschätzung im ganz Kleinen an: Begrüßen Sie Ihre Mitarbeiter täglich. Seien Sie absolut sicher, wie sie mit vollem Namen heißen und erstellen Sie sich für jeden Mitarbeiter eine automatische Erinnerung an seinem Geburtstag. Nichts ist peinlicher, als einen Mitarbeiter morgens zu begrüßen, ihm in die Augen zu schauen und am Nachmittag festzustellen, dass dieser heute Geburtstag hat. Das sind die Basics der Wertschätzung.

Für Sie selbstverständlich? Dann gratuliere ich Ihnen. In Zeiten der Digitalisierung ist es nämlich leider nicht mehr selbstverständlich, dass Führungskräfte hinter ihren Monitoren hervorschauen und ihren Mitarbeitern persönlich in die Augen sehen. Wir sollten eins nie vergessen: Auch im Arbeitsumfeld treffen Menschen auf Menschen. Menschen haben ein Privatleben, Menschen haben eine Geschichte. Manche durchleben schwierige Zeiten, bauen Häuser, verlieren Familienangehörige oder schulen ihre Kinder ein. Gehen Sie als Führungskraft so wertschätzend mit Ihren Mitarbeitern um, dass sie das Gefühl haben, als Mensch mit einer Geschichte wahrgenommen zu werden.

Seien Sie nicht eine der Führungskräfte, die laut einer EY-Studie 60% ihrer Mitarbeiter das Gefühl geben, dass ihre Arbeit im Unternehmen nicht gewürdigt wird.

Seien Sie jemand, der den Wertschätzungsindex in Deutschland hochhält, seine Mitarbeiter transparent informiert, wahrnimmt und wertschätzt. Wenn Sie das noch nicht von sich sagen können, fangen Sie heute damit an. Heute ist ein guter Tag, um zu starten.

DIE KERNAUSSAGEN

1. **Behandeln Sie andere, wie Sie selbst behandelt werden möchten.** Sie leben Anerkennung und Wertschätzung vor.

2. **Sprechen Sie ab und zu Lob für das gesamte Team aus.** Wechseln Sie dafür die Location oder arbeiten Sie mit Kudo-Karten.

3. **Stellen Sie die Pflicht vor die Kür.** Wertschätzung sollte eine Selbstverständlichkeit sein.

4. **Sehen Sie Ihre Mitarbeiter als Menschen mit individuellen Geschichten.** Jeder Einzelne hat private Herausforderungen, die er indirekt mit auf die Arbeit bringt.

5. **Reflektieren Sie Ihre Lob- und Kritikbereitschaft.** Hält sich beides die Waage?

PRAXIS

Besorgen Sie eine Box, die als Kudo-Karten-Box fungieren kann. Sie sollte leicht zu öffnen und zu schließen sein und einen Einwurfschlitz enthalten. Machen Sie den Anfang und schreiben Sie eine Kudo-Karte für einen Mitarbeiter, dessen Verhalten der letzten Wochen Ihnen besonders positiv aufgefallen ist. Benennen Sie genau, wofür Sie sich bedanken möchten.

Machen Sie in der nächsten Team-Sitzung den Anfang, erklären Sie das Prinzip der Kudo-Karten und übergeben Sie Ihre Karte dem betreffenden Mitarbeiter.

10

DER FEEDBACK-KREISLAUF

„Behandle die Menschen so, als wären sie, was sie sein sollten, und du hilfst ihnen zu werden, was sie sein können."

– Johann Wolfgang von Goethe

FRAGE 10:

„Sehen Sie regelmäßiges Feedback als wichtige Führungsgrundlage?"

Feedback zu geben bedeutet, einem Menschen zu erklären, wie ein anderer sein Verhalten wahrnimmt. Wichtig für Sie als Führungskraft ist es, ein qualifiziertes Feedback zu geben und dabei systematisch vorzugehen. Sie sollten sich darüber klar werden, welche Feedbackinstrumente Sie dabei anwenden möchten, wie die Feedbackkultur in Ihrem Unternehmen geprägt ist und wie ein typischer Gesprächsablauf eines Feedbackgesprächs in Ihrer Abteilung aussehen könnte. Sie haben bereits ein ungefähres Bild vor Augen? Sehr gut, dann gehen wir jetzt ins Detail.

Fragen Sie sich einmal: Gibt es eine Feedbackkultur in Ihrem Unternehmen und wenn ja, ist sie von Offenheit und Ehrlichkeit geprägt? Modernes Leadership legt Vertrauen und eine offene Kommunikation für ein positives Miteinander zugrunde. Dazu gehört auch ein regelmäßiges, aufrichtiges Feedback, sowohl von Ihnen gegenüber Ihren Mitarbeitern, aber auch von Ihren Mitarbeitern Ihnen gegenüber. Seien Sie sich bewusst: Die Folge ausbleibenden oder destruktiven Feedbacks kann verheerend sein. Von einer offenen Feedbackkultur können Sie als Unternehmen dagegen nur profitieren. Die Voraussetzung für eine offene Feedbackkultur ist natürlich, wie so oft im Leadership, das Vertrauen. Das Vertrauen ist der Nährboden und ohne Vertrauen werden Sie niemals die ehrliche Meinung Ihrer Mitarbeiter erfahren.

Werfen wir einen Blick auf die Generation Y, stellen wir fest, dass genau dieses Vertrauen und der regelmäßige Austausch in Form von Feedback für diese Generation essentiell wichtig ist, um sich einer Firma zugehörig zu fühlen, Stichwort Fluktuation. Eine Feedbackkultur ist also auch eine Vertrauenskultur.

Schenken Sie Ihren Mitarbeitern das Vertrauen, dass sie sich in einem geschützten Raum äußern können und angesprochene Aspekte bei Ihnen bleiben oder konstruktiv von Ihnen verarbeitet werden. Andersherum sollte es genauso sein. Um Ihnen als Führungskraft diesen Austausch noch einfacher zu machen, gibt es verschiedene Feedbackinstrumente. Betrachten wir zunächst das wohl klassischste Instrument: Das Mitarbeitergespräch – eine One-on-One-Situation, bzw. ein Vier-Augen-Gespräch.

DAS KLASSISCHE FEEDBACK-GESPRÄCH

Für ein qualifiziertes Mitarbeiter-Feedback-Gespräch vereinbaren Sie am besten noch in der gleichen Arbeitswoche einen Termin mit Ihrem Mitarbeiter. Nennen Sie ihm den Anlass für den gemeinsamen Termin, sodass er sich adäquat darauf vorbereiten kann. Bereiten auch Sie sich ausreichend auf das Gespräch vor und nehmen Sie die Unterlagen Ihrer Recherche, die Sie als Grundlage für das Gespräch benötigen, mit zu dem Termin. Sorgen Sie dafür, dass Sie nicht durch eingehende Anrufe oder anderweitige Zwischenrufe gestört werden. Seien Sie mit Ihren Gedanken und Ihrer Zeit vollständig bei Ihrem Mitarbeiter. Das bringt ihm die nötige Wertschätzung entgegen, die ein solches Feedbackgespräch benötigt.

Als Einstieg in das Gespräch können Sie noch einmal den Anlass nennen und Ihrem Mitarbeiter danken, dass er die Zeit dafür gefunden hat. Am besten Sie starten zunächst mit einem positiven Punkt auf Ihrer Agenda, um das Gespräch anzuwärmen. Nachdem Sie die Ihnen wichtigen Punkte erläutert haben, lassen Sie auch Ihren Mitarbeiter zu Wort kommen. Schließlich ist ein Feedbackgespräch keine Einbahnstraße, sondern ein Dialog. Je offener Sie Ihre Fragen formulieren und Ihrem Mitarbeiter Zeit geben, um Antworten zu finden, desto eher werden Sie auch einen gemeinsamen Konsens erlangen. Bei Kritikpunkten ist Vorsicht geboten: Diktieren Sie keine Verbesserungsvorschläge, sondern formulieren Sie Verbesserungsgedanken immer als Idee, bzw. als Gedankenanstoß. Damit lassen Sie Ihrem Gegenüber die Möglichkeit, selbst eine Entscheidung über die Verbesserungsmaßnahme zu treffen.

WAHRNEHMUNG, WIRKUNG UND WUNSCH

Wie formulieren Sie sowohl Positives als auch Negatives konstruktiv, ohne Ihr Gegenüber zu verletzen oder zu stark zu beeinflussen? Die Antwort hat drei Bestandteile: Bauen Sie jedes Feedbackgespräch anhand des sogenannten Feedback-Dreiklangs auf.

Folgende drei Schritte können Sie immer im Hinterkopf behalten, wenn Sie Feedback formulieren:

ABB. 14 Die drei Ws des Feedback-Dreiklangs

Formulieren Sie immer in Ich-Botschaften, die Respekt und Wertschätzung zollen, beispielsweise „Ich wünsche mir ...”, „Meines Erachtens nach ...” oder „Aus meiner Perspektive ...”

1. **Wahrnehmung: „Ich habe gesehen ...”**
2. **Wirkung: „Das macht etwas mit mir ...”**
3. **Wunsch: „Ich wünsche mir ...”**

Ein Beispiel für einen Feedback-Dreiklang:

„Ich habe beobachtet, wie Sie heute Morgen Frau Meier bei der Datenanalyse unterstützt haben, obwohl das nicht zu Ihrem Aufgabengebiet gehört.” (Wahrnehmung)

„Daraufhin konnten wir unseren Kunden schneller beliefern. Ich habe mich sehr über diese teamübergreifende Denkweise und Ihre verantwortungsbewusste Haltung gefreut.” (Wirkung)

„Ich wünsche mir, dass Sie weiterhin so flexibel und engagiert arbeiten.” (Wunsch)

Nachdem beide Seiten ihre positiven wie negativen Punkte genannt, diskutiert und lösungsorientiert besprochen haben, sollten Sie einen Follow-Up-Termin vereinbaren. Bei diesem Folgetermin schauen Sie und Ihr Mitarbeiter gemeinsam, welche Verbesserungen erzielt wurden, welche weiteren positiven Ereignisse stattgefunden haben und mit welchen Schritten Ihr Mitarbeiter weiter auf sein Ziel hinarbeiten kann.

DAS 360°-FEEDBACK

Beim zweiten Feedbackinstrument, dem 360°-Feedback drehen wir den Spieß um. Das 360°-Feedback stellt eine gängige Methode für die Beurteilung von Führungskräften dar. Das sogenannte Rundum-Feedback gibt Ihnen als Manager Feedback zu Ihren Kompetenzen und darüber, wie Ihre Kollegen, Mitarbeiter, Vorgesetzten und Kunden Sie als Führungskraft wahrnehmen.

Die Teilnehmer sollten das konkrete Verhalten bewerten und nicht Ihren Führungsstil. Das Besondere am 360°-Feedback: Die Bewertung wird sehr objektiv ausfallen, da gleich mehrere Personen aus verschiedenen Blickwinkeln ihre Meinung und Erfahrung äußern. Außerdem findet die Bewertung anonym statt, sodass ein ehrliches Feedback leichter fällt, als bei einem Vier-

Augen-Gespräch. Nehmen Sie die Ergebnisse Ihres 360°-Feedbacks also durchaus ernst und reflektieren Sie einmal die Ihnen entgegengebrachte Beurteilung.

DER (DIGITALE) FEEDBACKBOGEN

Laut einer izf-Führungsstudie aus dem Jahr 2016 glauben nur 38% der befragten Mitarbeiter, dass ihr Chef kritikfähig ist. Dementsprechend niedrig wird vermutlich der Anteil sein, der sich traut, seiner Führungskraft konstruktives oder sogar kritisierendes Feedback in einem Gespräch ins Gesicht zu sagen. In einem solchen Fall hat sich der (digitale) Feedbackbogen bewährt. Früher noch mit Zettel und Stift ausgefüllt, können digitale Feedbackbögen heutzutage regelmäßig und in Sekundenschnelle ausgewertet werden. Ein weiterer Vorteil der Digitalisierung ist das anonyme Ausfüllen der Feedbackbögen.

Anbieter wie bspw. kununu bieten digitale Feedbacktools für Unternehmen an und schaffen damit eine moderne Art der andauernden und konstruktiven Kommunikation zwischen Führungskräften und ihren Mitarbeitern.

Vergessen Sie nicht: Feedback ist keine Einbahnstraße! Menschen erleben Situationen aus ihrem eigenen Blickwinkel und können dank gut formuliertem Feedback einen Perspektivwechsel anstellen und daraus lernen. Wir befinden uns alle in einem stetigen Entwicklungs- und Lernprozess, der wertschätzend gefördert werden sollte. Das allerhöchste Gut Ihres Mitarbeiters ist sein Selbstwertgefühl. Setzen Sie Ihr Feedback so ein, dass sich Ihr Mitarbeiter und sein Selbstwertgefühl entwickeln können und geben Sie sich selbst eine Chance, am Ihnen entgegengebrachten Feedback weiter zu wachsen.

VON KONFLIKTEN UND BRÜCKENBAUERN

Doch was tun, wenn ein Mitarbeiter zu viele Fehler macht, über die Stränge schlägt und ein Konfliktgespräch bevorsteht? Hauptziel eines Konfliktgesprächs sollte immer die Deeskalation sein. Seien Sie sich aber zunächst darüber bewusst, welchen Konflikttypen Sie vor sich sitzen haben, und welcher Sie selbst sind. Eine Konfliktsituation ruft unterschiedliche Verhaltensweisen hervor. Sie selbst sollten als Führungskraft immer der „Konfliktlöser" sein, verhandeln und lösungsorientiert denken. Sie allein können den Konflikt jedoch nicht lösen. Auch Ihr Gegenüber muss dazu bereit sein. Welche Konflikttypen gibt es überhaupt? Es gibt den Kämpfer, den Flüchtenden, den sich Anpassenden und den Verdrängenden. Mit welchem Konflikttypen haben Sie es zu tun?

Im zweiten Schritt sollten sich fragen, mit welcher Art von Konflikt Sie es zu tun haben. Geht es um einen Kommunikationskonflikt, bei dem ein Kommunikationsfehler aufgedeckt werden muss? Geht es um einen Beziehungskonflikt, bei dem das menschliche Miteinander im Vordergrund steht? Oder geht es vielleicht um einen Personen-Rollen-Konflikt, bei dem sich die betroffenen Mitarbeiter nicht mit ihren Rollen identifizieren können? Weitere Konflikte könnten Machtkonflikte, Sachkonflikte und Wertekonflikte sein. Je nach Konfliktart ist eine andere Vorgehensweise und andere Maßnahmen angemessen. Nehmen Sie also die Rolle des Konfliktlösers ein, überlegen Sie, welchen Konflikttypen Sie vor sich sitzen haben, ergreifen Sie je nach Konfliktart lösungsorientierte Maßnahmen und führen deeskalierende Gespräche.

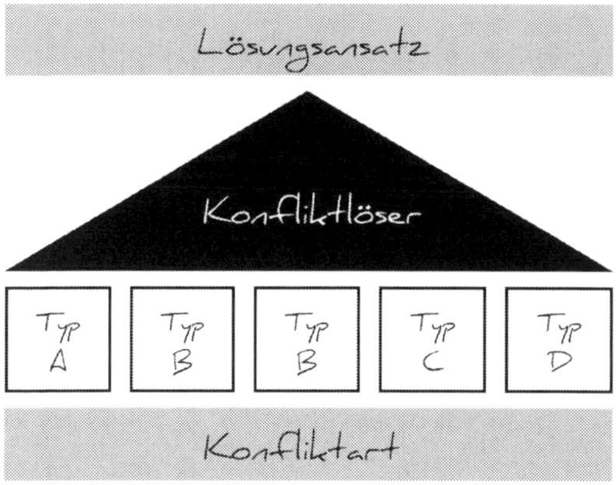

ABB. 15 Der Konfliktlöser versteht die Basis des Konflikts.

In der Führung eines Konfliktgesprächs hat sich das sogenannte KULT-Modell bewährt. Die Buchstaben des Wortes KULT stehen für Klärung, Ursache, Lösung und Transfer. Diese vier Bestandteile kennzeichnen die vier Phasen eines Konfliktgesprächs. Klären Sie am besten zunächst, worin der Konflikt besteht. Analysieren Sie anschließend, welche Ursachen den Konflikt ausgelöst haben. Suchen Sie gemeinsam mit allen Beteiligten nach einer Lösung und setzen Sie die geplante Lösung in die Tat um – der Transfer. Sie als Konfliktlöser begleiten den Transfer, denn auch aus Lösungsansätzen können neue Konflikte entstehen.

Das Ziel Ihrer Bemühungen sollte immer eine Win-Win-Situation sein, die eine für beide Konfliktparteien zufriedenstellende Lösung schafft. Im schlimmsten Falle stehen Sie am Ende vor einer Lose-Lose-Situation, mit der keine der beiden Parteien zufrieden ist. Bei einer Win-Lose Situation wäre nur eine Seite zufrieden, was auf einer der anderen Seiten für großen Frust sorgen kann. Klar ist: Nicht immer können alle Parteien das Bestmögliche aus einem Konflikt ziehen. Behalten Sie als Konfliktlöser trotzdem eine Win-Win-Situation als optimales Ziel im Auge.

Ist Ihnen nun klar, welche Rolle Sie als Führungskraft, Feedbackgeber und Konfliktlöser spielen? Sie sind der Brückenbauer. Sie erschaffen Verbindungen, wo es noch keine gibt oder Beziehungen in die Brüche gegangen sind. Sie denken so lösungsorientiert, dass zwei Parteien, die vermeintlich gegeneinander arbeiten, sich die Hand reichen.

Sie sind das Bindeglied zwischen Ihren Teammitgliedern und deren Ideen. Legen Sie noch heute den ersten Stein und bauen sie eine Brücke, über die alle gemeinsam gehen können.

DIE KERNAUSSAGEN

1. **Schaffen Sie eine Feedback- und Vertrauenskultur.** Vertrauen ist die entscheidende Basis für Feedback.

2. **Bereiten Sie jedes Feedback-Gespräch gut vor.** Folgen Sie bei Ihren Aussagen dem Feedback-Dreiklang: Wahrnehmung, Wirkung und Wunsch und formulieren Sie Ich-Botschaften.

3. **Nehmen Sie 360°-Feedback ernst.** Eine so objektive Reflexion Ihres Verhaltens ist immens wertvoll.

4. **Nehmen Sie in kritischen Situationen die Position des Konfliktlösers ein.** Werden Sie sich darüber bewusst, welche Konflikttypen in welche Art von Konflikt involviert sind.

5. **Bauen Sie (Kommunikations-)Brücken.**

PRAXIS

Erstellen Sie noch heute einen Gesprächsleitfaden für Ihr nächstes Feedback-Gespräch. Mitarbeiter und Thema sind zunächst zweitrangig.

Erschaffen Sie eine systematische Blaupause für Ihre Gespräche, die Sie mit individuellen Inhalten füllen können. Im Optimalfall beinhaltet der Leitfaden den Feedback-Dreiklang.

SCHLUSS

VON DER THEORIE IN DIE PRAXIS

Sie haben das Buch gelesen. Sie haben die wichtigsten Faktoren verstanden und verinnerlicht. Aber wie können Sie all das Gelernte nun umsetzen?

Veränderung beginnt im Kleinen. Versuchen Sie nicht alle Punkte, die neu für Sie waren, sofort umzusetzen. Wenn Sie versuchen, alles umzusetzen, werden Sie nichts richtig gut umsetzen.

Deshalb stellen Sie sich an dieser Stelle einmal die Frage: Welcher gelernte Punkt ist Ihnen am wichtigsten? Worauf soll Ihr Fokus in den kommenden Tagen und Wochen liegen?

Hier eine kleine Schnellauswahl der Themen, die wir in diesem Buch beleuchtet haben:

1. Konsequenz und Verlässlichkeit als Basis
2. Verantwortung übernehmen und abgeben
3. Gesamtunternehmerische Transparenz
4. Rollenverteilung, Spielregeln und Ziele
5. Führung durch Kooperation und Offenheit
6. Systematische Delegation und Entlastung
7. Empathie und Authentizität als Schlüssel
8. Über intrinsische Motivation und Sinn
9. Wertschätzung und Anerkennung im Team
10. Feedback- und Vertrauenskultur

Picken Sie sich eine Sache heraus und versuchen Sie, sie umzusetzen. Dann gehen Sie zur nächstwichtigsten über. Schritt für Schritt.

Ganz wichtig: Zögern Sie nicht. Nicht selten verschwindet ein Buch im Regal oder in der E-Book-Sammlung und das Gelesene ist nach nicht allzu langer Zeit vergessen. Das ist kein Vorwurf. Wir Menschen speichern manche Dinge eben nur im Kurzzeitgedächtnis. Aus den Augen, aus dem Sinn und Papier zerfällt bekanntlich irgendwann zu Staub ...

Deswegen starten Sie jetzt. Jetzt? Ja genau, jetzt sofort. Schnappen Sie sich einen Block, Ihren Laptop oder von mir aus ein Whiteboard und schreiben Sie die eine Sache, die Sie ab sofort umsetzen möchten, auf. Wenn Sie diese geschriebenen Worte immer vor Augen haben, darf auch das Buch in einem Regal verschwinden. Vielleicht ja nicht nach ganz hinten, sondern in greifbarer Nähe. ;)

Was hält Sie jetzt noch auf? Vielleicht sind es alte Gewohnheiten oder der Satz „Wir haben das aber schon immer so gemacht". Das macht nichts. Werden Sie sich dieser alten Gewohnheiten bewusst und seien Sie offen für neue „Gedanken-Räume". Sie hätten dieses Buch nicht zu Ende gelesen, wenn Sie es nicht sowieso schon wären! Da bin ich mir ganz sicher ...

Denn moderne Führung braucht nicht nur (Frei)Raum, sondern auch Menschen, die etwas verändern wollen – genauso wie Sie!

RAUM FÜR IHRE PERSÖNLICHEN NOTIZEN

RAUM FÜR IHRE PERSÖNLICHEN NOTIZEN

RAUM FÜR IHRE PERSÖNLICHEN NOTIZEN

RAUM FÜR IHRE PERSÖNLICHEN NOTIZEN

NACHWEIS

[1] Global Perspectives Barometer, 2017. Nachzulesen unter: https://www.unisg.ch/en/wissen/newsroom/aktuell/rssnews/campus/2017/mai/globalperspectivesbarometer-02mai2017

[2] Ted-Talk, „Teamwork Reimagined", Kevin Cahill, TEDxSunValley. Ansehen unter: https://www.youtube.com/watch?v=UwsMogSQmYI

[3] Onpulson Redaktion, Weltmarktführerstudie 2018. Nachzulesen unter: https://www.onpulson.de/35643/in-top-unternehmen-sind-die-chefs-laengst-teamplayer-statt-alphatiere/

"MARKETING ROCKSTAR"

Wie du dich und dein Konzept selbstbewusst, überzeugend und erfolgreich präsentierst

Schnell & einfach Konzepte präsentieren lernen

Sie sind Berufseinsteiger und stehen vor Ihrem nächsten (digitalen) Vortrag im Marketing-Job, vor einem alles entscheidenden Pitch in der Agentur, einer Konzept-Vorstellung für die nächste Social-Media-Kampagne oder der Abschluss-Präsentation Ihres Studiums? Dann ist dieses Buch genau das richtige für Sie. Gerade von Berufseinsteigern wird in der heutigen Welt bereits zum Berufsstart viel verlangt: Eigenverantwortliches Arbeiten, erfolgreiche Projektkoordination und Top-Ergebnisse. Nach teilweise wochenlanger Ausarbeitung folgt dann der große Showdown: Die Konzept-Präsentation vor dem Vorgesetzten oder den Kunden. Dieses Mal werden Sie das Ding rocken!

Isabel Freitag
Taschenbuch ISBN-13: 979-8678686497
E-Book ASIN: B08G1VDSVH

Printed in Germany
by Amazon Distribution
GmbH, Leipzig

23614298R00096